당신은
일을 못하는 게 아니라
말을 못하는 겁니다

일의 디테일을 완성하는 말투와 목소리

당신은
일을 못하는 게 아니라
말을 못하는 겁니다

이규희 지음

서 사 원

말하는 만큼 이루어진다

　타고난 사주나 관상보다 마음의 상, '심상'이 더 중요하다고 합니다. 타고난 사주, 기질, 생김새는 어쩔 수 없지만, 심상은 우리의 의지대로 만들어갈 수 있습니다. 지난 17년간 대형 항공사 퍼스트 클래스 승무원이자 방송 교관으로 근무하고 있는 제가 딱 하나 확실히 말할 수 있는 게 있다면, 바로 말투에서 인격이 드러난다는 겁니다.

　말투는 내면의 그림자와 같습니다. 말투를 보면 그 사람이 급한지, 성마른지, 거만한지, 자신감이 있는지 알 수 있습니다. 자신이 하는 말에도 소신 있고 자신 있다면 목소리와 말투에도 자연스럽게 묻어납니다.

저 역시 꽤 의기소침했던 시기가 있었습니다. 말도 잘 못했고, 음색에도 자신이 없었습니다. 사람들 앞에 서면 얼굴부터 빨개지는 사람이었어요. 그러면서도 가족에게는 칼 같은 말을 내뱉고는 했습니다. 부족한 게 많은 사람이었지만, 풍요롭게 살고 싶었고, 사랑하는 사람들과 좋은 관계를 맺고 싶었고, 멋진 인연을 만들고 싶었습니다. 아무리 사소한 것일지라도 누군가에게 도움이 된다면 최선을 다해 나누고 싶었습니다.

이 책에는 수년간 승무원들의 목소리를 분석하고 연구하면서 알게 된 효과적이고 확실한 커뮤니케이션 방법, 업무적으로 인정받는 보고의 디테일, 올바른 키톤 찾는 법, 매력적인 보이스 연출, 자기만의 말투와 분위기로 '셀프 브랜딩' 하는 법, 비대면 시대의 커뮤니케이션 기술까지 저의 모든 노하우를 담았습니다. 실제로 교육하면서 경험했던 생생한 사례와 문제를 바탕으로 쓰였기 때문에 읽는 내내 고개를 끄덕이며 공감할 수 있을 거예요. 또한 누구나 쉽게 적용해볼 수 있도록 구체적인 실천 방안도 다루었습니다.

말하는 만큼 이루어진다고 믿습니다. 마음속에 늘 지니고 있는 '자기 확언' 중 하나입니다. '말에도 혼령이 있다'고 합니다. 사람은 말버릇, 입버릇을 따라갑니다. '어휴, 힘들다', '못 살겠다,' '짜증 나', '그게 되겠어?' 같은 말을 달고 다니는 사람은 그런 말과 꼭 닮은 표정을 짓고, 그런 분위기를 내뿜습니다. 반면 '해볼 만하겠다', '잘할 수 있어', '괜찮은데', '멋지다'라는 말하는 사람은 긍정적인 아우라를 풍깁니다.

자기도 모르게 내뱉는 푸념이나 부정적인 말은 하면 할수록 부정적인 기운을 만들어냅니다. 스스로 깎아내리는 말, 기운 빠지게 하는 말버릇이 있다면 당장 뿌리째 뽑아버리세요. 자신에게 끊임없이 부정적인 이야기를 하는 사람치고 행복한 사람, 잘되는 사람을 본 적이 없습니다.

내 입에서 나간 말은 내가 제일 먼저 듣습니다. 건강한 말은 내면에 자신감과 에너지를 채워줍니다. 오늘부터 자신에게 힘이 되는 말을 써보고 또 녹음도 해보기를 바랍니다. 오늘의 노력이 당장은 눈에 보이지 않더라도, 씨를 뿌리는 중이라고 여겨보세요. 씨가 뿌리를 내리고, 싹을 틔우고, 줄기와 잎이 나오고, 열매를 맺을 때까지 정성껏 돌봐야 합니다.

이 글을 읽고 있는 당신은 이미 출발선에 서 있는 사람입니다. 스스로 선택한 이 방향을 믿고, 한 발을 떼어봅시다. 그리고 누구보다 힘껏 자신의 인생을 응원해주세요.

2022년 따뜻한 봄날,
당신에게도 따뜻한 말투가 스미길 바라며.

이규희

contents

나를 살리는 말투로 마음을 얻는다

PART 2

좋은 목소리는
타고나는 게 아니라 만들어진다

PART
3

비대면 시대에 살아남는 말투와 목소리

PART 4

PART 1

왜
말까지
잘해야 할까

01

말로 표현해야
알 수 있다

업무의 최소 수단

표현하지 않아도 알아주는 상사는 없다

"이번 제안서는 정말 자신 있었다. 그렇지만 부장님은 옆 자리 K 과
장의 제안서를 선택할 것 같다. 자료 준비, 조사, 결론 도출 등 일
은 내가 다 하는데 부장님에게 자기 의견을 잘 어필하는 K 과장에
게 늘 밀린다. 나는 왜 부장님 앞에서 횡설수설하다 발표를 끝내
는 걸까? 말 때문에 늘 손해를 보는 것만 같다."

회사 생활을 하다 보면 자기 업무 성과나 공을 잘 어필하

고, 어려운 상사와도 스스럼없이 대화하는 사람이 있다. 그런 동료를 두고 "나는 일만 하는 숫소라, 어쩜 저렇게 하나 싶어" 하며 고개를 절레절레 젓는 사람도 있다. 부러움과 질투로 범벅된 마음을 숨기고 '행동보다는 말로 일하는 사람'이라고 치부해버리기도 한다. 그러고는 스스로에게 자조 섞인 위로를 던진다.

"일만 열심히 하면 언젠간 알아주시겠지."

하지만 상사는 너무 바쁘다. 직책, 직위가 높아질수록 책임지고 결정해야 할 일이 늘어나기만 할 뿐 절대 줄지 않는다. 팀원 개개인의 업무 진행이나 성과를 일일이 파악할 여력도 없다. 그렇다. 상사는 생각보다 우리에게 관심이 없다.

"굳이 이런 것까지 하나하나 설명해야 하나? 너무 공치사하는 것 같은데"라고 여기다가 결정적인 순간에 상사가 내 노력을 몰라주면 우리는 배신감을 느낀다. 하지만 그 배신감에 상사의 책임은 없다.

주변에 자기 성과를 잘 어필하는 사람들을 떠올려보자. 그들은 말로 신뢰를 얻는다. 상사의 의중을 파악하고, 필요한 것을 정확하게 캐치한다. 그들은 '말로 일하는 사람'이 아니라 직장 생활을 잘하는 사람이다. 자기 성과를 적절히 어필하고 좋은 피드백을 받는 것도 일의 일부다.

묵묵히 소처럼 일하다가 번아웃에 시달리는 직장인이 적지 않다. 상사나 동료에게 받는 좋은 피드백은 때로 훌륭한 동력이 된다. 열심히 일했고 좋은 피드백을 받을 일이 있다면 크든 작든 보고할 만한 가치가 있다.

작은 보고가 쌓여 평판을 만든다. 일 잘하는 사람이라는 이미지가 생기면, 추후에 착오나 문제가 발생했을 때도, '실수'로 넘어갈 수도 있다.

자신이 하는 일을 '누구나 이 정도쯤은 하는 일'이라고 여기지 말자. 칭찬도 셀프, 어필도 셀프다.

02

그래서
하고 싶은 말이 뭐야?

'회사어' 제대로 말하기

아무도 알려주지 않는 말하기 요령

사회생활은 서로의 의견을 나누며 해결책을 찾아가는 의사소통의 연속이다. 그런데 의사소통에 필요한 기술이나 방법을 교육하는 조직은 거의 없다. 특히 1인 기업처럼 작은 규모에서는 커뮤니케이션이 제대로 되고 있는지조차 파악하기 어렵다. 그러니 제대로 된 커뮤니케이션 방법을 알려주는 사수가 있을 리도 없다. 이런 상황에 답답함을 느낀 많은 직장인이 회사 밖에서 커뮤니케이션 코치를 받고 관련 컨설턴트를 찾는다.

일의 89%는 의사소통으로 이루어진다. 업무 보고, 회의, 발표를 비롯해 상사와 동료, 타 부서 및 타 업체와의 이견 조율까지 조직의 흐름은 의사소통에 의해 좌우된다.

일상어와 '회사어'는 그 쓰임이 전혀 다르다. 무엇보다 정확성이 가장 우선시된다. 대화의 목적이 사교에 있지 않다. 직장에서는 순서와 체계가 있는 말 습관으로 업무 내용을 상대방이 빠르게 이해할 수 있도록 최대한 효율적으로 전달해야 한다. 머릿속의 생각을 나열하는 것이 아니라 질서를 잡아 명확하게 전달해야 상대방이 쉽게 알아들을 수 있고, 결과적으로 설득력도 높아진다.

설득력을 높이기 위해서는 어떤 말 습관을 들여야 할까? 내가 실천해본 방법 중 가장 효과적이면서 실행하기 쉬운 방식을 소개해보겠다.

첫 번째 방법은 'PREP'이다. 핵심부터 전달하는 방법이다. 논점을 뒷받침하는 사례, 근거에 일관성이 있어야 한다.

Point : 핵심

Reason : 주장하는 이유

Example 또는 Evidence : 예시 또는 데이터 등의 증거

Point : 핵심 반복

예를 들어 보면 아래와 같다.

P **핵심** : 직원들의 휴식 공간을 만들고자 합니다.

R **이유** : 분기별로 진행되는 전 직원의 요청 사항을 취합한 결과, 사무실이

아닌 편안한 공간에서 휴식을 취하고 싶다는 의견이 70%나 되었기 때문

입니다.

E **증거** : 업무 중 잠시 휴식을 취하는 것이 업무 효율성을 높이는 데 도움

이 된다는 연구 결과가 있습니다. 또한 최근 발표된 뇌과학계의 연구 결

과에 따르면 짧은 시간의 낮잠이 업무 피로도를 낮추어 업무 능률을 높

인다고 합니다.

P **핵심** : 그러므로 본관 4층에 사용하지 않는 회의실을 직원들을 위한

휴식 공간으로 조성해보고자 합니다.

이 형식으로 설명하면 '의견과 근거, 중요 내용의 명확한 재

언급'으로 설득력 있게 보고할 수 있다.

두 번째 방법은 'SBE'이다. 이 방법 역시 해결책, 즉 핵심부

터 전달하며 자신의 의견을 관철할 때 매우 효과적이다.

Solution : 해결책

Benefit : 혜택

Evidence : 입증

제안 내용이 무엇인지 결론부터 말한 다음 기대할 수 있는 혜택, 이익은 무엇인지 밝힌다. 구체적으로 어떤 부분이 개선되는지, 어느 부분에서 어떻게 이익이 나는지 설명한다. 아무리 좋은 제안이나 의견도 그에 따른 혜택과 이익이 없다면 받아들여지기 힘들다. 마지막으로 근거를 들어 주장하는 내용이 얼마나 타당한지 입증한다.

S **해결책** : 새로운 교육과정을 소개하는 데 직원들 온라인 커뮤니티인 C를 활용해보고자 합니다.

B **혜택** : 온라인 커뮤니티 C는 업무 공지 사항을 확인하기 위해 직원들의 접속률이 높아 새 교육과정 홍보에 도움이 될 것으로 예상됩니다. 또한 팀 플랫폼이기에 타 팀의 승인 없이도 우리 팀 내 권한으로 홍보물 올리기가 용이합니다.

E **입증** : 다른 온라인 커뮤니티나 이메일로 홍보한 결과치와 비교했을 때 C를 통한 내용은 직원들의 인지율이 10% 높았던 것으로 확인되었습니다.

이처럼 구체적인 혜택을 언급함으로써 동료나 상사에게 좋은 반응을 얻을 수 있다.

회사에서 쓰는 수첩이나 스마트폰 메모장에 미리 2가지 방법을 적어두고, 회의나 보고할 때 사용해보자. 두서없이 내뱉던 말 습관도 눈에 띄게 개선할 수 있다. 한두 번 시도하다 포기하지 말고 익숙해질 때까지 반복하는 게 중요하다. 금세 자신감 있고 설득력 있게 말하는 자신을 발견하게 될 것이다.

KEY POINT

상대방이 이해하기 쉽도록 내 말 순서 잡기

1. PREP: 핵심 → 이유 → 예시 또는 데이터 등의 증거 → 핵심 반복

   설득력을 얻기 위해서는 이유와 예시, 증거가 중요하다.

2. SBE: 해결책 → 혜택 언급 → 입증

   혜택에 대해 언급하면 상대방이 훨씬 더 내 말에 귀를 기울인다.

03

설득에도
전략이 필요하다

핵심부터 말하기

효율을 높이는 의사소통 방법

'내가 제대로 설명한 게 맞나?'

'팀장님이 말하는 핵심을 내가 제대로 이해했나?'

우리는 말하거나 들으면서 끊임없이 말의 핵심이 무엇인지 생각한다. 특히 회사에서 말을 잘한다는 사람을 보면 무엇을 말하고 싶은지, 어떤 방식으로 말해야 하는지, 상대방의 질문에 어떻게 대답해야 하는지 정확하게 안다. 대화의 주제에서

벗어나지도 않는다. 회사에서는 말하고자 하는 바를 한 번 더 생각해보고 말해야 상대의 시간도, 내 시간도 절약할 수 있다.

보고하기 전, 다음 3가지를 기억하자. 무엇을 이야기하는지, 왜 해야 하는지, 상사가 무엇을 해주기를 바라는지 되짚어보자. 예를 들어, 다음 프로젝트를 위해 직원들끼리 의견을 교환하고 취합하기 위한 워크숍이 필요한 상황이다. 그 내용을 보고하기 전에 다음 사항을 확인한다.

· **무엇을 말하는가**: C 프로젝트를 위해 직원들의 워크숍 진행
· **그것이 왜 필요한가**: 추가된 사항을 담은 교재와 영상을 만들기 위해 직원들 간 의견을 취합할 시간이 필요함
· **요청 사항**: 팀 내 워크숍 계획 진행을 위해 팀장 승인이 필요함

핵심이 잘 정리되었다면 다음 내용으로 보고할 수 있다.

"다음 분기에 시행되는 C 프로젝트를 위해 직원들 워크숍을 진행하려고 합니다.
C 프로젝트에서 다양한 교육이 시행됩니다. 현재 커리큘럼에 추가된 사항을 안내하는 교재와 영상 제작을 위해 직원들 간 의견을 취합할 시간이 필요합니다.
따라서 팀 내 워크숍 진행을 위해 팀장님의 승인이 필요합니다."

추가적으로 상사의 관심을 끌 수 있는 팁이 있다. 앞서 말했듯 상사는 하루에도 수십 건의 보고를 듣고 다양한 프로젝트를 관리하느라 항상 바쁘다. 예상치 못한 변수에 대응하고, 결정해야 하는 현안도 많다. 그래서 상사는 실무자의 말에 언제나 100퍼센트 집중하기 어렵다.

따라서 상사가 집중해서 들을 수 있도록 명확하게 말하고, 호기심을 가지고 귀 기울여 듣게 해야 한다. 그렇다고 쓸데없이 부풀려 말하거나, 없는 이야기를 만들어내라는 게 아니다. 현재 업무가 차질 없이 진행되고 있지만, 더 좋은 결과를 위해 개선하거나 제안하고 싶은 게 있다는 식으로 보고를 시작하는 게 좋다. 곧이곧대로 어떤 점이 문제여서 논의가 필요하다거나, 고치거나 바꿔야 한다는 식으로 말해 불필요한 긴장감을 주지 말자. 상사가 안정감을 느낄 수 있게 의견을 개진하면 긍정적으로 검토할 확률이 높다.

이런 점을 유념하여 앞서 보고 내용을 수정하면 다음과 같다.

"팀장님, C 프로젝트가 저희가 예상했던 시점에 진행될 수 있도록 잘 준비하고 있습니다. 진행 과정 중에 추가 사항이 있어 직원들 간 디테일한 업무 공유와 분업을 위해 워크숍을 시행해야 할 것 같습니다."

상사에게 안정감을 주고 주목을 끌 수 있는 말로 시작해보자. 같은 상황도 말하는 방식에 따라 보고의 결과가 달라질 수 있다.

┤ **KEY POINT** ├

말의 핵심이 잘 전달되는 말 습관

1. 무엇을 이야기하는지, 왜 해야 하는지, 상사에게 요청할 사항을 구체적으로 말하기
2. 상사의 귀를 끄는 말 또는 안정감을 주는 말로 시작하기

04

완벽한 보고도
안 먹힐 때가 있다

**상사의 속마음을
찰떡같이 알아채는 센스**

일한 만큼 표현하기

부장님이 쉽게 납득할 수 있도록 근거와 예시, 시장분석까지 깔끔하게 정리해 보고서를 만들고 리허설까지 여러 차례 해보며 만반의 준비를 했다. 됐다! 이 정도면 부장님도 흡족해할 것이다. 자신만만하게 보고를 했는데, 이게 웬걸… 뭔가 석연치 않은 듯한 표정. 무엇이 마음에 걸리는 걸까?

직장인이라면 이런 상황을 한 번쯤은 겪어봤을 것이다. 아무리 근거를 제시하고 납득할 만한 자료를 들이밀어도 상사의 마음은 이미 정해진 것 같다는 생각이 드는 상황. 이럴 때는 입장을 바꿔 생각해보는 게 제일 빠른 길이다. 명분, 근거, 논리가 완벽히 맞아떨어진다 해도 상사의 마음을 불편하게 하는 이유가 숨어 있기 때문이다.

의사결정은 이성과 논리로만 결정되지 않는다. 상사의 의사결정을 막는 감정이 무엇인지, 진짜 속마음은 무엇인지 생각해봐야 한다. 대부분 상사의 입으로 말하기 곤란하거나, 직원들에게 공개되지 않은 이야기일 확률이 높다. 겉으로 드러난 상황만 보고 판단해서, 상사 앞에 똑 부러지는 자료와 근거를 준비해가면 상사는 속으로 매우 난감해할 것이다.

함께 일하는 동료에게도 이런 일이 있었다. 힘들게 준비한 제안서가 받아들여지지 않아 자료와 근거를 보강하여 재차 보고했다. 그런데도 결정은 쉽사리 나지 않았다. 결국 그는 이해가 안 되는 결정을 받아들여야 했다. 어떻게 일을 처리해야 할지 난감했고, 심지어 상사가 자신을 미워하는 건 아닌지 괴로워했다. 그런데 나중에 알고 보니 상사에게도 그럴 만한 이유가 있었다. 팀원의 제안은 나무랄 데가 없었지만, 상부의 뜻과 달라 결국 추진할 수가 없었다. 팀장은 좋은 아이디어를 뚝심 있게 밀고 나가지 못하는 무능한 리더로 보일까 봐 팀원에게 솔직하게 말하지 못했다.

아무리 설득력 있는 내용도 이야기를 듣는 사람의 상황, 감정에 따라 다르게 받아들여질 수 있다. 상사의 진짜 속마음을 알고 의사결정을 망설이는 요소를 찾아내 맞춤형으로 공략하자. 그러려면 평소에 팀 내 이슈, 상사의 상황, 조직 내 관계 등 회사가 돌아가는 전반적인 상황에 관심을 갖고 있어야 한다.

05

상사의 지시를 제대로 알아야
업무가 보인다

이해력을 높이는 요령

명확하게 지시하지 않는 상사의 마음 읽기

상부가 원하는 바를 잘 파악하고 그에 맞추어 업무를 진행하려고 하지만, 정확하게 무엇을 원하는지 알기 힘들 때가 많다. 제대로 알아들은 게 맞는지 확인하면 업무 파악이 제대로 안 된 사람으로 보일까 봐 섣불리 물어보기도 쉽지 않다.

많은 직장인이 가지고 있는 고민 중 하나가 상사의 의중을 파악하는 일이다. 일을 지시할 때 무엇을 하면 좋을지 구체적으로 이야기해주면 좋을 텐데, 상사는 내 마음 같지가 않다. 나 역시 상사에게 하고 싶은 말을 적어내는 시간에 이런 의견을 제출한 적도 있다. "일을 지시하실 때 정확하게 말씀해주시면 좋겠어요."

상사가 지시한 일을 명확하게 파악하지 않고 눈치와 추측으로 결과물을 가지고 갔다가 "이게 아닌데, 내가 말한 내용이 아니잖아"라고 피드백을 받으면, '그럼 처음부터 제대로 시키지', '왜 이제 와서 딴소리야?' 같은 야속한 생각이 들기도 한다. 보고서에 들인 노력과 시간이 아까워 서운한 마음까지 생긴다.

그런데 상사 입장에서는 아직 해당 업무의 윤곽이 뚜렷하게 나오지 않아 지시 사항이 덜 정리되었거나, 본인이 잘 아는 내용이라 직원들도 충분히 알고 있으리라 판단해 대강 설명하고 넘어가는 경우도 있다.

그렇게 때문에 서로의 생각을 명확하게 주고받기 위한 의사소통 과정이 필요하다. 업무도 다시 한번 되짚어볼 수 있고, 더 좋은 아이디어나 방향이 생길 수도 있다.

상사의 말을 찰떡같이 알아듣고, 원하는 결과물을 만드는 데 도움이 되는 말 습관 2가지를 알아보자.

첫 번째, 상사가 지시한 내용이 내가 이해한 바가 맞는지 꼭 확인하자. 예를 들어, 상사가 오디오 시스템 설치를 위해 업체 조사를 지시했다고 가정하자. "네, 사무실 내 설치할 오디오 시스템 업체를 조사하라는 말씀이시지요?"라고 다시 한번 확인하는 것이다. 그러면 상사는 "사무실 안에 설치할 거니까 사이즈와 가격 대비 성능을 잘 비교해서 두세 군데 업체로 추려줘요"라고 구체적인 피드백을 줄 수도 있다. 물론 질문은 꽤 귀찮은 일이다. 복잡한 지시도 아닌데 군이 뭘 물어보나 싶을 거다. 하지만 지시 사항을 되묻기만 해도, 상사는 자신의 지시를 구체화하거나 추가할 가능성이 높다. 귀찮음을 극복한 질문이 결국 내 시간과 에너지를 아껴준다.

두 번째, 중간보고를 한다. 상사가 신경 쓰고 있는 프로젝트라면 지시한 업무가 어떻게 진행되고 있는지 궁금해할 수 있다. 현재 진행 방향이 상사가 의도한 바와 같은지를 중간 점검하는 게 안전하다. 주의할 점은 상사의 개인적인 특성을 고려해가면서 적절히 사용해야 한다. 중간보고 시, 방향을 자주 바꾸는 성향이 있는 상사라면 처음에 일의 방향을 확실하게 인지하고, 마지막에 최종 보고를 하는 형식으로 전략을 짜야 한다.

직원이 스스로 중간보고를 하는 경우 자신이 하는 일을 적절하게 드러내는 효과를 얻을 수 있다. 상사도 중간에 업무에 대한 생각이나 방향이 수정될 수 있으므로 중간보고를 하면서 의견을 조율해나갈 수 있다. 일이 진행되는 과정을 알리고 피드백을 받는 것은 비즈니스에서 꼭 필요한 말 습관이다.

KEY POINT

상사의 생각을 찰떡같이 알아들을 수 있는 말 습관

1. 상사의 지시 재확인하기(다시 질문하기)
2. 진행 사항 중간보고하기

06

이런 것까지
물어보실 줄이야

상사의 기습 질문
대처하기

그녀는 어떻게 순발력을 키웠을까?

보고할 내용에만 신경 쓰다 보면 상사에게 받을 질문까지
미처 준비하지 못하는 경우가 있다. 예상 질문을 준비한다고
해도, 우리는 늘 상사에게 허를 찔린다.

"현재 직원 자격관리시스템이 언제부터 시작되었는지 히스
토리를 좀 이야기해줘요. 그리고 왜 이런 시스템으로 바뀌게
되었는지, 그 배경은 뭐지?"

"아, 네 그게⋯ 2019년도 8월 즈음에⋯ 그게 배경은⋯ 잠시만요⋯."

한번 당황하기 시작하면 자신이 없어지고, 상사는 '이 사람 제대로 준비한 거 맞아?' 하는 의심의 눈빛으로 쏘아본다. 그런 상황이 오면 알던 것도 잊어버리고 긴장감에 더 버벅거리게 된다.

보고 자체도 중요하지만, 보고한 후 돌아오는 질문에 정확한 대답을 할 수 있느냐가 보고의 핵심이다. 보고 내용이 좋았어도, 질문에 대답을 못하면 상사는 준비가 안 되어 있다고 판단하고, 잘 준비한 보고마저 신뢰하기 어렵다고 느낀다. 이게 무슨 억울한 일인가. 애써 준비한 보고가 빛을 발하지 못하게 되니 말이다.

예상치 못한 질문에 순발력 있게 대답하기란 쉬운 일이 아니다. 어떻게 하면 상사의 질문에 긴장하지 않고 적절한 대답으로 신뢰를 얻을 수 있을까?

교관 동료 중에 상사가 어떤 질문을 하든 척척 답을 잘하는 이가 있었다. 그녀는 안건을 조리 있게 정리해서 조곤조곤 보고하는 데 능했다. 상사의 갑작스러운 질문에도 당황하지 않고 적절하게 답변하는 모습을 보면 '머릿속에 AI가 있는 거야?

어떻게 연도별로 무슨 일이 있었는지 다 기억하고 있지?' 하며 감탄과 존경스러운 마음이 저절로 들었다. 동시에 '저런 능력은 넘사벽이다. 타고나는 거다'라고 넘겨짚고 배우거나 노력할 생각은 전혀 하지 않았다.

그런데 그녀와 함께 일해보니, 타고난 센스나 능력이라고만 볼 수는 없었다. 그녀는 보고하기 전, 중요한 내용은 반드시 다시 한번 숙지했다. 보고 내용을 완벽히 숙지한 후에는 자신의 보고 내용을 바탕으로 상사가 할 수 있는 질문을 예상하고 관련 정보를 미리 조사해두었다. 상사가 궁금해할 만한 이슈나 히스토리를 조사해두는 것도 보고의 일부였다. 더불어 유관 부서와의 협업 내용까지 두루 파악했다. 당연하게도 그녀는 상사가 누구보다 신뢰하는 인재가 되었고, 함께 일하는 동료도 그녀의 말이라면 신뢰했다.

어떤 질문에도 척척 대답하고 싶어

돌발 질문에 대처하기 위해서는 어떤 준비를 해야 할까?

첫 번째, 평소 자기 업무에 관해 집요한 관심을 갖는다. 배경지식이 많으면 갑작스러운 질문에도 유연하게 답할 수 있다. 진행하는 업무와 관련된 연도별로 굵직한 이슈나 주변 상황도 호기심과 관심을 갖자. 그 많은 정보를 어떻게 다 기억하느냐 반문할 수도 있다. 물론 하루아침에 될 일은 아니다. 조바심 내지 말자. 필요한 데이터를 쌓는 데까지는 물리적인 시간이 필요하다. 호기심과 관심을 유지하는 것도 만만치 않다. 집요하게 파고드는 집중력과 인내심이 요구되는 일이다.

두 번째, 내 보고서를 스스로 지적해보자. 내가 상사라고 가정하고 보고서에 반박하는 질문을 해본다.

- 현재 시점에 이 보고를 하는 이유는 무엇인가?
- 이 보고를 통해 무엇을 할 것인가?
- 우리 팀이 이것을 하면 어떤 점이 좋은가?
- 이것을 하는 데 필요한 승인 절차는 무엇이며 경비는 얼마나 발생하는가?
- 우리 팀과 비슷한 일을 하는 경쟁사는? 또는 경쟁 부서의 반응은 어떨 것으로 예상하는가?
- 이 내용을 상부에 보고하면 어떤 반응을 얻을 것 같은가?

평소에 상사가 질문을 했던 내용을 기록해두었다가 스스로 질문해보는 것도 좋은 방법이다. 이렇게 질문에 대한 답을 준비해놓으면 마음이 든든하다. 보고와 답변을 할 때도 자신 있고 확신 있는 태도를 유지할 수 있다.

이렇게까지 준비했는데도 미처 생각지도 못한 질문이 나올 때는 상황을 모면하기 위해 대충 얼버무리거나 확실하지 않은 내용을 보고하면 안 된다. "다시 확인해보겠습니다"라고 대답한 뒤 정확한 정보를 파악해 답해야 한다.

KEY POINT

어떤 질문에도 위풍당당 답변할 수 있는 말 습관

1. 평소 일에 대한 집요한 관심 갖기
2. 내가 만든 보고서를 스스로 지적해보기

07

아차!
하는 순간을 덜 만들려면

**말실수가 두려운 사람에게
추천하는 3가지 방법**

의도와 다르게 튀어나가는 말들

A는 보고를 마치고 나오면 '말실수한 것 없었나?' 하며 항상 곱씹어본다. 퇴근길에도 '아, 그때 그렇게 말하지 말걸. 왜 말이 그냥 훅 나갔을까. 오해하진 않을까' 잠들기 전까지 계속 되새긴다.

의도와는 다른 말이 튀어나와 혹시나 오해를 사지 않을지 걱정했던 경험은 누구나 있을 것이다. 평소 다른 사람을 배려해야 한다고 생각하는 사람일수록 의도치 않은 말실수로 힘들어하는 경우가 많다.

말이 많다 보면 말실수가 생길 확률이 높다. 실수를 반복하다 보면 아예 입을 닫아버리는 경우도 있다. 하지만 실수가 두렵다고 해서 필요한 순간까지 적절한 말을 하지 않는다면 오해와 갈등은 더 깊어진다.

나 역시 동료와 대화를 나누거나 상사에게 보고한 후에 혹시, 그 말이 오해를 불러일으키지는 않을까 노심초사했던 적이 많다.

이런 고민을 하는 사람에게 몇 가지 유용한 방법을 소개해보겠다. 쓸데없는 실수를 줄이고, 필요한 말을 적절히 센스 있게 하는 데 도움을 얻을 수 있을 것이다.

첫 번째, 조급해하지 않기. 차분하게 호흡을 정리하고 용건을 정돈해 말한다. 말은 심리를 반영한다. 조급한 상황에서 발언권을 얻으면 무슨 말이든 해야겠다는 생각에 정제되지 못한 말이 나올 때가 있다. 급하게 말하지 않아도 괜찮다. 호흡을 가다듬고 멘트를 정리해보자.

두 번째, 상황 파악하기. 말을 하는 목적이 무엇인지 잊지 말

자. 특히 중요한 비즈니스 자리일수록 핵심만 명료하게 이야기하는 게 좋다. 분위기를 편안하게 풀어보겠다고 종교, 정치, 집안 등 사적인 이야기를 화두로 삼는 것은 좋지 않다.

세 번째, 사과하고 개선하기. 사람은 누구나 실수할 수 있다. 말도 그렇다. 평생 말실수를 하지 않고 사는 사람이 있을까? 스스로 말이 지나쳤다 싶을 때는 빠르게 사과하자. 더불어 왜 그랬는지 이유를 충분히 납득할 수 있도록 설명하는 것이 좋다.

무엇보다 말 습관을 갈고닦으며 노력하는 자신을 격려해주자. 실수를 인정하고 사과하면서 우리는 더 많은 것을 배울 수 있다.

08

보고에도
타이밍이 있다

**효과적인 커뮤니케이션을 위한
최적의 타이밍**

타이밍만 잘 잡아도

일 잘하기로 소문난 동료가 있다. 그녀는 늘 팀장의 상황을 세심하게 체크한다. 언제 본부 회의에 들어가는지, 오늘은 왜 유난히 기분이 좋은지 등 세세한 부분까지 파악한다. 속으로는 '왜 저렇게까지 눈치를 보고, 상사의 동향을 파악하는 거지? 내 일을 하는 게 중요하지. 너무 피곤하겠다'라고 생각했다. 때로는 '상사에게 아부 떨고 비위나 맞추고 싶지 않아'라고 스스로 항변할 때도 있었다. 그런 처세술이 부담스럽고 불편한 나머지 방어적인 태도를 취했던 것이다.

하지만 오래 지나지 않아 나의 성급한 판단이자 편견임을 깨달았다. 그녀는 단지 팀장의 기분을 맞추고, 아부를 떠는 게 아니었다. 성심성의껏 준비한 보고 자료를 상사가 잘 들을 수 있는 상황인지 파악하기 위해서였다. 그녀는 상사의 시간까지 배려해 보고했다. 상사가 그녀를 영민하고 똑똑한 사람, 말이 통하는 사람으로 인정하고 신뢰하는 것은 시간 문제였다.

그녀의 의사소통 방식을 보면서, 보고를 비롯한 각종 커뮤니케이션에도 결정적 타이밍이 있다는 걸 알게 되었다.

첫 번째, 상사에게 보고할 때는 상사가 보고를 들을 수 있는 상태인지 확인한다. 많은 실무자가 상사의 상황에 관심을 두지 않는다. 오로지 자신이 해야 할 말, 준비한 내용으로 머릿속이 가득 차 있어 상사의 상황까지 미처 파악할 여유가 없다. 듣는 사람의 상태는 확인하지 않은 채 할 말만 늘어놓는다면 일방적인 말하기에 지나지 않는다. 당연히 긍정적인 피드백도 기대하기 어렵다. 보고 전, 상사에게 다른 중요한 일정이 있는지, 급한 업무는 없는지 확인하는 게 좋다.

게다가 상부에서 질책을 받고 온 상황이면 보고를 피하고 다른 타이밍을 노려야 한다. 상사의 상황, 감정 상태를 잘 관찰해 적절한 타이밍에 보고한다면, 긍정적인 피드백을 받을 확률이 높다.

두 번째, 실수를 했을 때는 즉시 사과하는 습관을 들인다. 말실수를 저질렀거나 업무에서 오류를 범했을 때는 늦지 않게 바로 사과한다. 늦었다고 생각할 때가 가장 빠른 때라고 하지 않던가. 그렇다고 앞뒤 상황을 파악하지 않고 쉽게 사과하는 것은 역효과를 불러올 수 있다.

사과에도 타이밍이 무척 중요하다. 어떤 지적을 받았을 때 반사적으로 "미안합니다", "죄송해요"라는 말이 나오는 사람들은 오히려 신뢰감을 잃을 수 있기 때문에 주의해야 한다. 긴장되는 감정에 휘둘리지 말고 잠깐 멈춰, 상대와 상황을 살펴보는 것이 도움이 된다.

세 번째, 도움을 받았을 때 감사의 마음을 전하는 타이밍을 놓치지 않는다. 귀찮음 또는 쑥쓰러움으로 미루게 되면 타이밍을 놓쳐 다시 이야기를 꺼내지 못해 인사 없이 그냥 지나치게 된다. 이런 일이 누적되면 상대방은 고마움을 표현하지 않는 것에 무례함을 느끼고, 일방적인 호의를 베푸는 관계를 지속하고 싶어 하지 않을 수도 있다.

제대로 소통이 이루어질 때 좋은 관계를 유지할 수 있다. 감사의 마음은 즉시 표현하자. 자기 마음의 밀도만큼 말이다.

⊜ 하버드 대학 말하기 훈련법

1. 한 번에 많은 의견을 전달하려고 하지 마라. 하나의 주제를 명확하게 전달한 후 다음 이야기로 넘어간다.

2. 전체 흐름을 알 수 있도록 궁금한 것은 계속 물어보고 생각을 나누어라. 판을 알면 일이 쉬워진다.

3. 말하는 중간중간 정리하는 습관을 들인다. 특히 논리적인 신호(접속사)를 활용하면 상대방이 이해하기 쉽다.

· 요점: 요약하면

· 이유: 제가 말하는 이유는… 때문에

· 대비: 이외에/ 다른 측면은/ 주의 사항은

· 전환: 하지만/ 그렇다고 할지라도

09

당신은 일을 못하는 게 아니라 말을 못하는 거다

일잘러의 말 습관

일을 못하는 게 아니고 말을 못하는 거라고?

실컷 일만 하고, 안타깝게도 제대로 말로 표현하지 못하는 사람들이 있다. 실제로는 능력 있고 열정 있는 사람이 말 때문에 일을 못하는 사람처럼 보이는 경우가 종종 있다.

나 역시 말 습관으로 지적받을 때는 상대방이 야속하기까지 했다. 초보 교관 시절, 사수는 종종 내 말을 이해하는 데 한참이 걸렸다. '뭐가 잘못된 거지? 어려운 말도 아닌데, 왜 못 알아듣지?' 의아했다. "한 번에 이해할 수 있게 말하라"라는 사수의 피드백도 제대로 들리지 않았다. 앞에서는 알겠다고 대답했지만, 속으로는 납득할 수 없었다.

답답한 마음에, 일 잘하고 말 잘한다는 동료들을 관찰하고 배우기 시작했다. 그제야 보이지 않았던 내 말 습관의 문제점을 알 수 있었다. 상사에게 질문하거나 보고할 때 성격 급한 나는 다짜고짜 '몸통'부터 얘기하는 스타일이었다. 배경 설명도 없이 얼른 대답이 필요한 말만 했다. 주절주절 말을 늘어놓아 상대의 시간을 뺏고 싶지 않았고, 핵심만 전달하는 게 일을 잘하는 거라고 생각했다. 큰 착각이었다. 사실은 내가 하고 싶은 말만 쏟아내느라 어떻게 말하고 있는지 듣지 못했다.

말을 못해서 자신의 능력까지 제대로 평가받지 못하는 건 아닌지 돌아보자. 일을 못하는 사람처럼 보이는 말 습관만 고쳐도 사람이 달라 보인다.

일 못해 보이는 말 습관 3가지

첫 번째, 미괄식 말하기다. "팀장님, 제가 말씀드린 안건으로 전화를 해봤는데요, 알고 보니 A 부서는 3년 전부터 그 제안이 필요하고 생각은 했었는데, K 차장이 반대해서 시도도 못 했다고 하고요, B 부서는 지난달에 이야기는 해봤는데, 아직 결정을 못 했다고, C 부서는…" 이런 식으로 빙 둘러말하면 말의 요지를 파악하기 어렵다.

일에서 필요한 것은 결론이다. "팀장님, 말씀하신 프로젝트 관련 다른 부서의 의견을 취합해보았습니다. 5개 부서 중 4곳에서 긍정적인 의견을 주었습니다"와 같이 결론을 먼저 이야기한다. 빙 둘러말하지 않고 결론 먼저 말한 다음 디테일을 이야기한다. 다른 부서에서는 어떤 의견이 있었는지 추가적으로 설명해 상사의 궁금증을 풀어준다. 일 잘하는 사람은 에둘러 말하지 않는다.

두 번째, 구체적인 수치를 동원하지 않고 모호하게 말한다. '아주 많이', '대단한 성과', '상당한 기간'처럼 추상적인 표현에 기댄다. '이렇게 말해도 알아서 듣겠지', 혹은 '굳이 그렇게까지 정확해야 말해야 하나?'라고 넘겨짚거나, 숫자에 친숙하지 않아 사용을 꺼리기도 한다. 정확하고 객관적인 판단이 필요할 때는 숫자와 함께 설명하는 게 훨씬 효과적이다. 숫자에 약하다고 포기하지 말자. 처음에는 말하기 뻑뻑했던 숫자도 점차 익숙해질 것이다.

또한 수치를 사용할 때는 전체 규모에서 차지하는 비중을 드러내자. "현재 A 자격을 취득한 직원들이 300명입니다"라고 말하면 그 숫자가 큰지 작은지 알 수 없다. "3,700명 중에 300명의 직원들이 A 자격자입니다"처럼 전달하고자 하는 정보의 비중과 위치를 짚어주면 좋다.

세 번째, 내 입장에서 말한다. 회사에서 개인은 팀이나 부서, 혹은 특정 프로젝트에 속해 있지만 사실 업무는 부서별로 연결돼 있다. 타 부서와 외부 업체와 협력해야 하는 일이 많을수록 그들과 적확하게 소통하는 게 프로젝트의 성패를 좌우하기도 한다.

업무 특성상 IT 부서와 협업해야 하는 일이 생기곤 했는데, IT에 관한 이해가 부족하다 보니 소통 자체가 쉽지 않았다. 그 바람에 상대 부서도 일을 몇 번이나 다시 해야 하는 경우가 잦았다. 특히 IT 분야에서 쓰는 전문 용어로 소통하니, 커뮤니케이션이 제대로 될 리가 없었다. 그에 비해 수월하게 업무가 진행되는 사람은 말하는 방식부터 다르다. 상대방이 이해할 수 있도록 최대한 쉽게 설명한다. 또한 프로세스에 대한 전체적인 그림부터 요청 사항이 전체 과정과 어떻게 연결되는지 설명한 다음, 실제로 요청 사항이 가능한지, 일정은 어느 정도 필요한지 등을 꼼꼼히 체크한다. 자기 입장에서 필요한 것만 요청하는 것이 아니라, 상대의 입장에서 말한다. 그런 사람의 일처리는 대부분 깔끔하고 명료하며 흠잡을 데가 없다.

상대가 잘 이해하도록 배려하고 노력할 때 비로소 제대로 된 '일머리'가 생긴다. 흔히 상대가 쉽게 이해할 수 있도록 배려하고 준비하는 일을 시간 낭비라고 여긴다. 상대의 시간을 아껴주기 위해 그만큼 내 시간과 에너지를 써야 하기 때문이다. 하지만 상대가 잘못 이해해서 나온 결과물을 수정하고, 다시 요청하고, 재확인하는 시간이 더 큰 리스크이다. 상대와 손발을 착착 맞게 일하는 것도 좋은 에너지가 된다. 당장의 결과물보다 과정의 '질'을 높여보자.

▌ KEY POINT ▐

일못러를 일잘러로 바꿔주는 말 습관

1. 두괄식으로 말하기
2. 형용사, 부사 대신 숫자 사용하기
3. 내 입장이 아닌 상대방이 이해할 수 있게 구체적으로 설명하기

10

침묵을 못 견디는 당신에게
필요한 스몰토크

스몰토크 실전 비법
3가지

어떻게 대화를 시작할까

대화에서 침묵만큼 다루기 어려운 것도 없다. 침묵이 어색한 사람들은 어떻게든 대화 소재를 찾으려 한다. 딱히 하고 싶은 말도, 상대에게 관심도 없지만 침묵을 견디는 게 곤욕스러워 궁여지책으로 대화를 이어간다.

그러다 보면 정제되지 않은, 굳이 하지 않아도 되는 말도 나온다. '괜한 소리를 했네, 쓸데없이 왜 그런 말을 했을까. 오해하는 거 아니야?' 같은 자책감과 후회만 남긴 채 대화가 끝

난다.

적당히 알고 지내는 회사 직원, 협력 부서 사람, 어려운 상사와 함께 있는 자리에서 어떻게 하는 게 좋을까? 우선 내가 대화의 공백을 채워야 한다는 생각부터 버리자. 평소 관계성에 비해 과도한 친밀감 표시는 상대에게 되려 어색함과 부담감을 줄 수 있다. 스몰토크부터 천천히 시도해보자.

첫 번째, 가벼운 소재를 찾는다. 앞에서 말했듯 정치, 종교, 집안 등 지극히 개인적인 소재보다는 '눈에 보이는 가벼운 것'으로 말문을 연다. 사무실에 새롭게 한 인테리어, 상대방의 옷차림(물론 긍정적인 방향의 멘트를 해야 한다), 사무실 주변에 새로 생긴 커피숍, 회사 근처 맛집 등 바로 눈에 보이는 사물, 현상, 사건에 관한 이야기부터 해보자.

두 번째, 누구나 흥미를 느낄 만한 대중매체를 소재로 이야기한다. 최근 인기 있는 드라마나 예능 프로그램, 신작 영화 혹은 유튜브 채널 등 다양한 매체에 관해 이야기를 나눠보자. 자연스럽게 상대의 관심사로 대화를 연결할 수 있는 좋은 소재다. 화제의 인물이나 기사, 이슈에 관해 가볍게 물어보는 것도 좋다.

세 번째, 상대가 관심을 보이는 내용으로 대화를 이어간다. 가벼운 소재부터 시작해 다양한 이야기를 하다 보면 상대가 관심을 보이고 자연스럽게 대화가 이어지는 부분을 발견할 수 있다. 적절한 질문과 반응으로 대화의 '흐름'을 만드는 게 중요하다. 이때 상대보다 말을 너무 많이 해서 상대방을 '방청객 모드'로 만들지 않도록 주의한다.

친하지 않은 사람과 어색함을 깨고 말을 해야 하는 상황이나 이제 막 알게 된 상대와 대화를 이어가는 건 누구에게나 어렵다. 지레 겁을 먹고 '난 별로 말이 없는 사람인데, 주저리주저리 이야기하는 건 내 스타일이 아닌데…', '말하다가 실수하느니 입을 닫자'라고 생각하지는 말자.

능숙하게 대화를 이끌 필요도 없고, 상대에게 환심을 사려고 과하게 노력하지 않아도 된다. 적당히 거리가 있는 상태에서 예의를 갖추는 것만으로도 충분하다.

⟦ KEY POINT ⟧

스몰토크를 위한 소재 찾기

1. 눈에 보이는 가벼운 소재부터 찾기
2. 많은 사람이 흥미를 갖는 드라마, 예능 프로그램 등을 소재로 이야기하기
3. 상대방이 좋아하는 소재를 캐치하여 대화를 이어가기

11

도전해야
다음 단계가 열린다

자기 검열을 뛰어넘어

처음부터 말을 잘하는 사람은 없다

우연히 정우철 도슨트가 강연하는 영상을 본 적이 있다. 이 탈리아의 유명 화가 모딜리아니에 관한 내용이었다. 최고 경 매가 2,000억 원을 기록한 작품부터 화가로서의 삶, 시대적 상황까지 어찌나 흥미진진하게 설명하던지 시간이 어떻게 지 나갔는지 모를 정도였다. 워낙 달변가인 그를 보며 나는 이렇 게 결론 내렸다. "원래 말을 잘하는 사람이구나."

사실상 도슨트는 강연자와 다름없다. 화가와 작품에 관한 깊은 이해만큼이나 자신의 지식을 대중이 이해할 수 있도록 쉽고 명확하게 전달하는 게 관건이다. 즉, 해박한 지식뿐만 아니라 스피치 능력도 매우 중요하다. 말솜씨 하나는 타고난 것처럼 보였던 그도 원래부터 말 잘하는 사람이 아니었다고 한다. 대학을 다닐 때만 해도 사람들 앞에서 발표하는 일도 거의 없었고, 그다지 나서는 성격도 아니었다.

도슨트로서 처음 대중 앞에 서는 날이었다. 100여 명 앞에서 1시간 정도 이야기하는 자리였는데, 20분 남짓 강연하다 내용을 완전히 잊어버려 그 자리에서 내려오고 말았다. 완벽히 실패한 강연이었다. 사람들 앞에서 말하는 일이 너무 힘들었던 그는 도슨트라는 직업을 포기하려고도 했다. 깊은 실의에 빠진 그에게 한 지인이 이런 말을 했다.

"포기하지 마라. 여기서 그만둬버리면 이게 너의 모습이 된다. 하지만 네가 계속 도전하고 점점 나아지는 모습을 보이면 사람들은 바뀐 너의 모습을 기억하게 된다."

이 말에 깊은 감명을 받은 그는 이후 더 많은 무대에 서기 위해 무료 강의까지 마다하지 않았다. 도전을 거듭한 끝에, 그는 어느새 관람객이 믿고 찾는 도슨트가 되었다. 실제로 첫 강연에 왔던 사람들이 여전히 그를 찾아온다고 한다.

그는 고백한다. 여전히 사람들 앞에 서면 긴장되고, 두렵다고. 어쩌면 수많은 경험이 두려움을 완전히 사라지게 하지는 못했지만, 적어도 불안감을 다룰 수 있게 해주었다.

기회가 생긴다면 무엇이든 YES를 외쳐라

의사, 경영자, 강연가로 활동하는 『배움을 돈으로 바꾸는 기술』의 저자 이노우에 히로유키는 자신의 저서에서 '제안을 받으면 즉시 YES를 외쳐라'라고 언급한 바 있다. 또한 "적극적으로 자신을 어필하는 자세가 없다면 그 누구도 당신의 존재를 알아주지 않는다"라고 강조한다.

경험과 지식을 한 단계 업그레이드된 경제활동으로 연결하는 첫 단계는 자신의 존재를 드러내는 것이다. 특히 기존 업무 영역 외의 일이라면 놓쳐서는 안 될 좋은 기회다. 지금 하는 일만으로도 버거운데, 일을 더 벌여도 될까? 게다가 새로운 도전이라면? 굳이 새로운 일을 하면서 실패의 경험을 맛보고 싶지 않을 것이다. 나 역시 그랬다.

승무원을 하던 중 처음 방송 교관 제안을 받았을 때, '나는 교육학을 공부한 적도 없고 말하기나 기내 방송을 가르쳐본 적도 없는데, 어떻게 교육을 하지?' 반문이 들었다. 그럼에도 용기를 내서 제안을 수락했고, 새로운 문이 열리기 시작했다. 말하기, 목소리에 대해 심도 있게 배울 기회를 얻었고, 수많은 도전 끝에 전문가가 되었다.

새로운 도전 앞에서 우리는 늘 자기 검열에 시달린다. 스스로에 대한 평가가 가장 넘기 힘든 산이다. 하지만 신은 인간을 만들 때 최고의 순간을 두려움 뒤에 숨겨 놓았다고 한다. 두려움을 딛고 도전하는 사람만이 인생 최고의 순간을 느낄 수 있다.

12

내가 이렇게 말한다고?

말 습관 메타인지

내 말투 들어보고 객관적으로 분석하기

"손짓이 너무 크고 많아서 말의 흐름을 방해하네."

"필요 없는 접속사도 너무 많이 사용하는구나!"

교관 수업에 투입되기 전, 모의 강의를 처음 촬영한 결과물
을 확인한 나는 놀라지 않을 수 없었다. 평소에는 미처 발견하
지 못했던 좋지 않은 습관이 눈에 띄었다. 당시 나는 강사로서
전혀 준비되지 않은 사람이었고, 이런 상태로 강의하면 강의

내용도 만족스러울 리가 없었다. 그 후 부단히 노력했다. 수차례 리허설을 하고, 몇 번이나 다시 녹음했다. 그럼에도 노력하는 만큼 실력은 단번에 쌓이지 않았다. 함께 선발되어 교육원에 들어온 동료는 눈에 띄게 실력이 느는데, 나만 더딘 것 같아 좌절감을 느낄 때가 한두 번이 아니었다.

그러다 보니 머릿속은 온통 말하기로 가득 차 있었다. 사람들이 말하는 습관을 유심히 관찰하면서 표정과 말투가 어떻게 한 사람의 이미지를 형성하는지 파악했다. 교관으로서의 내공도 차츰 단단해지고, 일상생활 전반에도 좋은 영향을 미쳤다.

남들은 알고 나만 모르는 내 말 습관

내 습관을 인지하는 것부터가 변화의 시작이다. 지금은 많이 알려진 '메타인지'라는 개념은 내가 무엇을 알고 무엇을 모르는지 자각하는 것을 뜻한다. 이를 구분할 줄 아는 능력은 상위 0.1%의 아이들에게서 발견된 특징이라는 연구 결과가 있다. 상위 0.1% 아이들은 자신이 아는 것과 모르는 것을 확실하게 구분하고, 자신에게 부족한 부분을 보충하려고 노력한다.

말 습관 메타인지를 높이는 첫 번째 방법은 스크립트를 녹음해 확인하는 것이다. 문장을 얼버무리지 않고 끝까지 상대방에게 잘 전달되도록 자신감 있게 마무리하는지, 발표 내용이 ppt나 보고 자료와 부합하는지, 핵심적인 내용은 잘 전달되는지, 말하는 속도는 적당한지 등을 확인하는 것이다.

녹음 파일을 통해 처음 듣는 내 목소리가 낯설고 어색할 수 있다. 자연스러운 일이다. 마음에 들지 않더라도 지레 포기하지는 말자. 반복해서 녹음하고 듣다 보면 자기 음색에도 익숙해질 뿐만 아니라, 매끄럽지 않은 표현도 바로잡을 수 있다.

이 외에도 손짓, 시선 처리 등 비언어적인 요소는 리허설 영상을 통해 확인할 수 있다. 자세는 올바른지, 표정이 딱딱하게 굳어 있지는 않은지, 시선이 한곳만 응시하지 않고 자연스럽게 움직이는지, 제스처가 너무 과하지 않은지, 다음 멘트를 떠올리며 눈동자가 위로 올라가지는 않는지 꼼꼼히 체크해보자.

두 번째, 지인이나 가까운 동료, 혹은 직속 상사에게 물어보고 피드백을 받는다. 타인의 객관적인 시선을 빌려 자신의 말투와 태도를 모니터링해보자. 목소리 톤이 날카로운지, 부드러운지, 말투에 힘이 있고 에너지가 느껴지는지, 전달하는 바를 명확하게 전달하는지 의견을 구한다. 주변에 믿을 만한 동료가 주는 좋은 피드백은 나를 발전시키는 자양분이다. 가까운 주변에 의견을 구하기가 어렵다면 카페나 SNS 모임에서 비슷한 고민을 하는 사람들과 교류하거나 전문가를 찾아가는 것도 좋은 방법이다.

말투와 목소리도 얼마든지 변할 수 있다. 시간과 노력을 들인 만큼 내가 원하는 이미지와 분위기를 충분히 만들어낼 수 있다.

{ **KEY POINT** }

내 말 습관 메타인지 높이는 꿀팁

1. 보고 자료 또는 발표 스크립트 녹음하기. 영상 녹화를 통해 손짓, 시선 처리 등 비언어적인 요소를 확인한다.

2. 주변 지인, 가까운 동료나 선배에게 물어보고 피드백 받기. 혹은 관련 카페, SNS 모임에 참여하거나 전문가 도움을 받는다.

13

같은 말도
상대방은 다르게 이해한다

**분위기로 전달하는
한국식 대화법**

의사소통의 기본, 말하기

미국에서 10년간 지내다 3년 전 한국으로 돌아와 사업을 시작한 젊은 CEO A 씨. 최근 그의 가장 큰 고민거리는 사업 파트너나 직원들과 어색하게 않게 대화하는 것이다. 미국에서는 자신의 생각을 거침없이 이야기했는데 한국에서는 고려해야 할 게 많았다. 심지어 칭찬을 들어도 어떤 대답이 적절한지 알 수가 없었다. 답답한 마음에 스피치 컨설턴트를 만나며 커뮤니케이션 방법을 배우기 시작했다.

자기 역량을 높이기 위해 말하기를 공부하는 사람이 늘고 있다. 이전에는 사람들 앞에서 발표하는 스피치 기술에 관심이 많았다면, 요즘은 원만한 대인 관계를 위한 의사소통법에 관한 관심이 높다. 화법 관련 수업을 듣고자 하는 사람도 예전에는 기업의 임원이나 중역이 대다수였다면 지금은 다양한 연령대의 직장인, 특히 사회 초년생이 늘고 있다.

한 취업 포털사이트에서 직장인 약 600명을 대상으로 '회사에서 제일 비호감인 사람, 함께 일하고 싶지 않은 사람은 누구입니까'라는 질문에 '말이 안 통하는 동료'가 25.7%로 1위를 차지했다. 조직 내 의사소통이 회사 생활의 퀄리티를 좌우하는 중요한 요소임을 알 수 있다.

말하기나 의사소통 능력을 향상하고 싶다면 스스로 말하는 방식을 돌아보고 개선할 방향을 찾는 것이 중요하다. 사람에 따라 의사소통하는 방식이 다르고, 다른 이의 방식도 받아들일 수 있도록 그릇의 크기를 키워가는 것이 바람직하다.

사람마다 의사소통 방식이 다르다는 것은 무엇을 의미할까? 예를 들어 상사가 부하 직원에게 '내일까지' 보고서를 제출하도록 지시했을 때, '내일까지'의 의미가 서로 다를 수 있다. 상사는 내일 아침 9시에 출근했을 때 보고받을 수 있게 준비하라는 의미였지만, 직원은 '내일 퇴근 전까지만 하면 되겠지'라고 생각하기 쉽다. 상사는 출근 전까지 준비하라는 말을 구체적으로 하기 부담스럽기 때문에 알아서 준비해주기를 원하고 직원은 준비할 수 있는 시간을 최대한으로 확보할 수 있도록 자신에게 유리하게 판단하기 때문이다.

비즈니스에서 이런 상황은 얼마든지 벌어진다. 입장에 따라 말의 '윤곽'은 조금씩 다를 수 있다. 특히 원하는 걸 직접 드러내기보다 상황과 맥락으로 말하는 한국식 어법에서는 더욱더 그렇다. 분위기를 통해 의사를 전달하는 '분위기 화법'은 직장에서 정확한 의사소통을 가로막는다.

미국의 인류학자 홀^{Hall, E. T.}은 『문화를 넘어서^{Beyond Culture}』에서 '고맥락·저맥락 문화'라는 개념을 제안한 바 있다. 표현하는 내용 외에 숨은 뜻이 거의 없는 커뮤니케이션을 '저맥락 방식', 반면 표현과 다른 의미가 담긴 커뮤니케이션을 '고맥락 방식'이라고 한다. 개인주의 성향이 강한 서양 문화권에서는 저맥락 커뮤니케이션이, 집단주의 성향이 있는 아시아 문화권에서는 고맥락 커뮤니케이션을 많이 쓰는 경향이 있다.

의사소통할 때 겉으로 드러나지 않은 의미나 감정 상태를 파악해야 하는 이유는 발화 내용과 의도가 일치하지 않기 때문이라고 한다. 맥락 속에서 상대 의도를 파악하는 능력이 중요하게 요구되는 이유다. 정신과 의사인 문요한은 『관계를 읽는 시간』에서 "실제 우리나라는 전통적으로는 고맥락 사회지만, 오늘날엔 개인주의적 영향을 받아 그 편차가 매우 다양하다"라고 지적한다. 다양한 세대가 함께 일하는 조직 사회에서 상대방이 어떤 맥락의 '수위'로 대화하는지 이해하고 서로 간의 거리를 좁히는 일은 커뮤니케이션의 성공 타율을 높이는 전략이다.

PART 2

나를 살리는
말투로
마음을 얻는다

01

그런 의도로
한 말은 아니었어

말실수를 줄이는
3가지 방법

말실수가 자율신경계 때문이라고?

'아, 그때 이렇게 말했어야 되는데….' 누구나 의도치 않은 말실수로 후회했던 적이 있을 것이다. 그런데 말실수를 하는 이유 중 하나가 자율신경계의 영향을 받기 때문이라는 사실을 아는가? 자율신경 의사인 고바야시 히로유키는 『나는 당신이 스트레스 없이 말하면 좋겠습니다』에서 "자율신경의 균형이 흐트러졌을 때, 분위기 파악을 못해 실수를 저지르거나 상대방에게 상처를 주는 등 잘못된 말투를 쓰게 된다"라고 설명한다.

자율신경계는 우리 몸을 일정하게 유지할 수 있도록 돕는 신경 중 하나인데, 척수와 뇌를 비롯한 전신에 분포하여 몸속 심장과 장기를 최적의 상태로 조절한다. 자율신경계는 교감신경과 부교감신경으로 나뉘어지며, 교감 신경이 높으면 판단력이 좋아지고 부교감 신경이 높으면 긴장이 풀리고 이완된다. 따라서 두 자율신경 간의 균형이 잘 이루어져야 한다. 자율신경은 사소한 습관은 물론 환경, 날씨, 상대 반응 등 다양한 요인에 영향을 받는다. 자율신경을 안정시키는 간단한 방법을 소개해보겠다.

첫 번째, 호흡을 천천히 길게 내쉰다. 들이쉰 숨을 2배로 길게 내쉰다. 3초간 코로 숨을 들이마신 후 6초간 입을 오므리면서 천천히 입으로 숨을 내뱉는다. 호흡을 길게 쓰면 얕은 호흡이 아니라 깊은 호흡을 할 수 있고, 차분하고 안정적인 톤을 내는 데 도움이 된다. 혈액이 몸속 구석구석 전달되면서 감정에도 흔들리지 않고, 내 역량을 충분히 발휘할 수 있다.

두 번째, 바른 자세로 말한다. 기도가 곧게 펴지고 호흡이 저절로 길어지며 적절한 말투를 쓸 수 있다. 올바른 자세는 상대에게 신뢰감을 주는 데도 효과적이다.

세 번째, 급하게 말하지 않는다. 특히 프레젠테이션이나 중요한 보고 자리에서는 충분한 시간을 갖자. 급하게 시작하거나 상대의 말에 즉각 반응하려 하지 않고 여유를 갖는다. 실수하거나, 말이 헛나오거나, 좀 꼬였다 해도 걱정하지 말자. 실수는 정정하면 그만이다. 여유를 잃지 않아야 그 이상의 실수를 멈추고, 본론으로 돌아갈 수 있다.

예상치 못한 일이 터지거나, 극심한 압박감에 시달릴 때 신체적인 '항상성'이 마음의 균형을 유지하는 데도 도움이 된다. 평소에도 좋은 자세를 유지하고 운동, 명상, 호흡 등을 루틴으로 만들어보자. 신체적인 균형을 통해서도 자율신경계를 안정시킬 수 있다. 불안이나 분노, 긴장 같은 부정적인 감정에 압도되지 않고 차분하게 마음을 가라앉힐 수 있는 마음의 여유가 필요하다.

02

일 잘하는 사람은
제대로 듣는다

**능동적 듣기,
백트래킹**

집중하기 어려운 시대, 그래서 경청은 더 가치 있다

아침 회의 시간, 박 차장은 최 대리에게 이번 반기 고객만족 개선안 준비를 지시했다. 최 대리는 '지난 반기랑 달라질 게 있나?' 하고 시큰둥해졌다. 그때 애플워치 알림이 울린다. 흘끗 알림을 보니, 오늘 저녁 약속을 취소하는 지인의 연락이다. '무슨 일이 있나' 하고 잠시 딴 생각에 빠진 동안 회의는 순식간에 끝났고, 각자 자리로 돌아가 업무를 시작했다. '마무리를 못 들었네, 내가 이해한 게 맞겠지? 다시 물어보면 뭐라고 하실 것 같아.' 최 대리는 그대로 자리로 돌아갔다. 사실 박 차장은 지난번과 다른 접근 방식을 지시했다. 최 대리는 아마도 박 차장이 원하는 바와 다른 보고 자료를 준비할 것이다.

우리는 온종일 수많은 알림에 주의를 빼앗긴다. 카카오톡, 문자 메시지, 업무 메일, 각종 SNS 피드 알림, 심지어 손목에 찬 스마트워치까지 그야말로 알림의 홍수 속에 살고 있다. 우리의 종잇장 같은 집중력은 쉽게 팔랑거린다. 한곳에 주의력을 모으기도 어려운데, 흥미가 없거나 조금이라도 쓸데없다고 여겨지는 말에는 더욱더 집중력을 잃기 쉽다. 심지어 업무 회의를 하거나 상사가 지시를 내릴 때도 마찬가지다. 최 대리의 경우처럼 순간 집중력을 잃었거나, 제대로 듣지 못했다면 다시 설명해달라고 요청하자. 엉뚱한 결과물을 보고하는 것보다 잠깐 꾸중을 듣는 편이 훨씬 낫다. 상호작용도 업무의 일부이다. 제대로 들어야 제대로 된 반응을 할 수 있다. 제대로 듣지 않으면 업무를 제대로 전달받지 못할 수도 있고, 상황에 맞지 않는 반응으로 분위기를 망칠 수도 있다.

능동적인 경청 습관, 백트래킹

백트래킹Backtracking이란 상대의 핵심적인 단어를 반복, 복사함으로써 상대에게 공감을 표시하고 신뢰를 얻는 방법이다.

간단한 기술이지만, 상대방이 말하고자 하는 핵심 키워드와 내가 이해한 내용을 요약해 대답하는 것만으로 상대는 '이 사람이 내 이야기를 잘 듣고 있구나' 짐작할 수 있다. 업무를 지시한 사람은 상대방이 잘 이해했는지 궁금하다. 상사의 지시에서 이해한 내용을 정리하여 백트래킹 하면 명확하게 커뮤니케이션할 수 있고, 신뢰도 역시 높일 수 있다.

김 팀장: 박 과장, 다음 주에 분기별 실적 보고 있어요. 이번 주는 그 자료를 준비해야 합니다. 실적 보고에 필요한 자료들 정리해서 저에게 좀 가져다주세요.

박 과장은 어떻게 대답하는 게 가장 좋을까?

박 과장: 네, 팀장님. 이번 주까지 준비하겠습니다. (×)

박 과장: 네, 팀장님. 분기별 실적 보고에 필요한 자료는 1월부터 3월까지 총매출 내역, 제품별 타깃 고객과 만족도 데이터를 말씀하시는 거지요? (○)

김차장: 맞아요.

박 과장: 언제까지 드리면 될까요?

김 팀장: 이번 주 목요일까지 취합, 정리해서 주세요. 금요일에 체크하고 다음 주에 보고해야 하니까요.

박 과장: 알겠습니다. 그럼 목요일 퇴근 전까지 드리겠습니다. (★
★★)

백트래킹의 가장 쉬운 방법은 상대방 말의 어미나 핵심 키
워드를 반복하는 것이다. 커뮤니케이션 기술을 높이는 지름길
은 능숙하게 말하는 게 아니라, 능숙하게 듣는 것이다. 백트래
킹은 강력한 청취 방법이다. 다만 과도하게 사용하면 인위적
인 느낌을 줄 수 있으므로 유연하게 활용하는 게 좋다.

백트래킹의 4가지 방법

1. 상대가 말한 핵심적인 키워드, 메시지를 반복한다.
2. 상대가 말 대신 감정을 드러냈다면, 감정을 확인할 수 있는 적합한 단어를 골라 표현한다.
3. 상대방의 말을 요약하고 정리해서 표현한다.
4. 대화를 계속 이어갈 수 있도록 편안한 질문을 던진다.

03

질문을 디자인하라

똑똑한 사람의 질문법

질문은 힘이 세다

의사소통의 핵심은 질문이다. 질문이 중요하다는 이야기는 많이 들린다. 그럴 때마다 속으로는 '질문보다 답변이 더 중요하지 않나?'라고 생각했다. 하지만 좋은 질문은 원하는 목표까지 잘 이끌어주는 길라잡이가 된다.

특히 한국인은 질문을 어려워한다. 워크숍이나 회의 시간에 발제자가 "질문 있으면 편하게 해주세요"라고 해도 그 자리에서 질문하는 경우는 많지 않다. 질문하지 않는 사람이 90% 이

상이다. 괜히 질문했다가 망신을 당하거나, 분위기 파악도 못
하는 사람이 될까 봐 두렵기 때문이다. 한국 사회에 뿌리박힌
튀지 않는 문화가 질문을 하지 않는 분위기를 만드는 데 일조
하지 않았나 싶다.

적절한 질문은 직장 생활을 잘할 수 있는 좋은 방법이다. 다
만 똑같은 질문을 여러 번 하는 것은 부정적인 평판을 얻을 수
있으니 주의해야 한다.

Thin Question과 Thick Question

Thin Question은 폐쇄형 질문, Thick Question은 열린 질
문이라고 한다. Thin Question은 '네, 아니오'로 답할 수 있는
성격의 질문이다. 반면 Thick Question은 단답형으로는 답
이 나지 않는 질문이다. 즉, 생각할 거리를 주는 질문을 말한
다. 실리콘밸리의 초등 수업에서 창의력을 키우기 위해 필수
로 배우는 질문법이라고 한다. 질문으로 아이의 창의력을 키
우는 유대인 교육법도 유명하다. 브라질 아마존에서 발생한
화재 기사를 보고 아이와 함께 기후 위기에 관해 이야기한다
거나, "대통령을 만난다면 어떤 이야기를 하고 싶니?" 등 사고
력 확장에 도움이 되는 질문을 던진다. 질문의 목적이 진위를
가린다든가 능력 평가에 있다면 누구든 대답을 주저할 수밖에
없다. 위대한 질문은 한 인간의 사고와 세계를 확장한다. 우리

에게는 더 나은 사고와 판단을 끌어낼 수 있는 좋은 질문이 더 많이 필요하다.

좋은 질문은 교육 현장뿐만 아니라 비즈니스에서도 매우 중요하다. 예를 들어, 사내 설문조사에서 자사의 A 서비스와 경쟁 업체의 B 서비스 중 B가 더 좋은 반응을 얻었다고 가정해 보자. 해당 내용을 논의하는 회의에서 왜 A 서비스가 인기가 없는지 논의한다면 A의 단점만 열거하고 끝날 수 있다. 하지만 적은 수라고 해도 A 서비스를 좋다고 한 사람들에게 어떤 부분이 좋았는지 물어보면 A의 장점도 분석되고, 다른 사람들이 B를 선택한 이유도 자연스럽게 짐작할 수 있다.

상사에게도 질문으로 조언을 구하면 내가 한 일을 자연스럽게 드러내면서 일에 대한 열정도 어필할 수 있다. "제가 지금 이런 것을 준비하고 있는데, 이 방향이 맞는지 의견을 여쭙고 싶습니다. 더 좋은 방향으로 가려면 제가 더 보강해야 할 게 있을까요?"라고 질문하면 상사는 평가자가 아닌, 조력자로서 나를 바라보게 된다.

04

라포가 형성되면
설득이 쉽다

단단한 라포 만들기

공감에 나이는 중요하지 않다

처음 신입 승무원의 교육을 담당하면서 가장 걱정되었던 부분은 소통이었다. '나이 차이가 15살까지 나는데 교육 기간 동안 무리 없이 지낼 수 있을까? 혹시 내가 꼰대로 보이지는 않을까?'

비행에서 많은 후배를 만나고 훈련원에서 후배 승무원에게 교육을 진행했지만, 대학을 갓 졸업한 신입 사원을 만날 생각을 하니 여러 생각이 스쳤다.

첫 개별 면담 시간이 다가왔다. 입사 후 생활은 어떤지 교육 받는 게 어렵지는 않은지 물어보고, 도움이 필요하다면 주저 말고 언제든 요청하라고 이야기했다. 그들은 취업이라는 큰 관문을 통과했다는 기쁨과 설렘 반, 앞으로 낯선 환경에서 적응해야 한다는 걱정 반이었다. 나와는 만난 지 며칠 되지 않았으니 어색하기도 하고, 불편해 보였다. 라포rapport가 형성되기 이전이니 당연히 그럴 수밖에 없었다. 프랑스어로 '관계'라는 의미를 나타내는 라포는 신뢰감과 안정감 있는 친밀한 상태를 말한다. 라포 없이 원할한 커뮤니케이션을 기대하기는 어렵다.

나는 그들에게 친동생처럼 관심을 갖고 불편하거나 어려움이 없는지 지속적으로 살피고 챙겼다. 천천히 라포를 쌓는 동안 길다면 길고 짧다면 짧은 3개월간의 훈련이 끝났다. 수료하는 날, 장내가 울음바다가 되었다. 그때 내가 그리 많이 울 수 있는 사람인지 처음 알았다. 어느새 어엿한 선배가 된 후배들은 비행 생활에 잘 적응했을 뿐만 아니라 멋진 동료로 성장했다.

오랜 기간 비행을 하다 보니 승무원에게는 사람 보는 재주가 생긴다. 아주 짧은 순간 승객의 표정, 행동 등을 관찰하고, 적절한 조치를 취해야 하는 경우가 많다. 비행에서 의사소통만 잘돼도 문제 생길 일이 줄어들기 때문이다. 승객과 라포가 형성되어 있다면 의사소통이 원활히 될 수 있다는 것은 두말하면 잔소리다.

라포 형성을 위한 심리 상태 관찰법

　때로는 말보다 비언어적인 시그널이 더 정확할 때가 있다. 상대가 "괜찮다"라고 말하며 작게 한숨을 내쉬거나 표정을 찌푸린다면, 그의 심리는 자신의 말과 다를 확률이 높다. 하지만 우리는 상대의 비언어적인 시그널에 무감할 때가 많다. 말보다는 눈에 보이는 단서로 현재 상태를 파악하고 대화를 이어가야 한다. 이와 반대로 내 감정이 상대방에게 무의식적으로 드러날 수 있다는 사실 또한 알아야 한다. 상대방에게 나도 모르는 사이에 입을 삐죽거린다거나, 한숨을 쉰다거나, 퉁명스러운 톤으로 말하지는 않는지 점검해보자.

단서 정보

· 얼굴과 손발의 움직임 등 자세나 움직임 변화

· 얼굴이 붉어지거나 눈의 깜빡임 등 표정 변화

· 호흡의 깊이, 호흡 멈춤 등 호흡 변화

· 말의 빠르기, 톤의 변화 등 음성 변화

동작만 잘 따라 해도
호감 가는 사람이 된다

**관찰하고 따라 하는 소통법,
미러링 & 페이싱**

호감을 나타내는 동작 카피

누구에게나 이런 경험이 한두 번쯤은 있을 것이다. 카페에서 상대와 비슷한 타이밍에 음료를 마신다거나, 상대방이 테이블 아래로 뭔가 흘렸을 때 같이 줍는 행동을 했던 경험. 특히 가까운 사람일수록 이런 행동은 자연스럽게 나타날 수 있다. 자세나 몸짓, 신체 움직임을 상대방에게 맞추는 행위를 '미러링(거울 반응하기)'이라고 한다.

미러링은 어려운 자리에서도 상대의 경계심을 풀게 하고 빠르게 친밀해지기 위해 활용할 수 있다. 자세나 동작을 맞추되 흉내 내기처럼 보이면 오히려 역효과가 날 수 있으니 유의해야 한다. 몸동작을 과하게 따라 하기보다는 작은 행동을 미러링 하는 것이 포인트이다.

미러링이 동작이나 자세를 따라 하는 방법이라면 페이싱은 상대의 감정 상태, 말하는 방식(화법)에 맞추어 호감을 표시하는 방식이다. 미러링보다 더 고도화된 방법이라고 할 수 있다. 이때 말하는 속도, 방식, 크기 등 세밀한 관찰이 필요하다.

사람은 나와 비슷한 사람에게 편안함과 친숙함을 느낀다. 호감과도 바로 연결된다. 페이싱의 대표적인 예는 말하는 속도를 상대방 속도와 비슷하게 맞추는 것이다. 내가 평소 빠르게 말하는 사람이라면 상대방이 말하는 속도가 답답하게 느껴질 테고, 반대로 상대는 나의 빠른 속도가 부담스러울 것이다. 상대방은 속으로 '성격이 너무 급한 것 같아. 나와는 좀 다른 사람이야. 맞지 않아'라고 판단할 수도 있다. 상대방에게 호감을 주고 싶다면 상대방이 말하는 속도나 목소리 볼륨을 살펴보고, 나의 상태도 점검해보자. 페이싱이 잘되는 상대에게는 자신이 존중받는다고 느낄 뿐만 아니라 서로 잘 통한다고 생각하여 마음의 문도 쉽게 열린다.

페이싱 요소 체크리스트

· 목소리: 목소리가 큰가? 작은가?

· 호흡: 어느 타이밍에 호흡하는가? 깊은 호흡인가? 얕은 호흡인가?

· 감정: 표현, 비유 등을 관찰하고 감정 상태 확인한다.

  라포를 형성하는 방법인 미러링, 페이싱에는 공통점이 있다. 상대에 대한 세심한 관심과 관찰이 필요하다는 점이다. 상대의 행동, 동작, 표정, 호흡, 말하는 방식에 주의를 기울여보자. 말투와 행동의 디테일을 파악한다면 호감을 얻는 데 절반 정도는 성공한 셈이다.

06

인사만 잘해도
호감도가 올라간다

인사가 갖는 힘

첫인상을 만드는 인사

승무원에게 인사 교육은 무척 중요하다. 인사는 승객을 환대하는 단순한 의례가 아니라, 승객에게 제공하는 첫 번째 서비스나 다름없다. 신입 승무원 교육에서는 아침 조회, 저녁 종례 시간에 늘 정중한 자세로 인사 연습을 한다. 회사 안에서도 동료 선후배를 만나면 누군가 먼저 하기를 기다리지 말고 인사하는 게 기본이다.

먼저 인사말을 건네는 것은 긍정적인 이미지를 만들어낸다.

인사를 건넬 때는 거창하게 할 필요도 없다. 한두 마디 정도 덧붙여 친근함을 표현하는 것도 좋지만 그렇게까지 하는 것이 어색하고 힘들다면 굳이 말을 많이 할 필요도, 큰 소리로 자신의 존재를 드러낼 필요도 없다.

약한 연결의 힘

미국의 경제사회학자 마크 그라노베터Mark Granovetter의 하버드 대학 박사학위 논문 「약한 연결의 힘」에 따르면 사람들이 새로운 직장을 구할 때 기회를 얻는 루트는 강한 연결 관계인 친한 친구나 가족이 20%였고, 80%는 그저 아는 정도의 사람인 '약한 연결' 관계를 통해서였다. 평소 밝은 표정으로 먼저 간단한 인사를 건네는 것만으로도 약한 연결은 충분히 만들어갈 수 있다. 가벼운 인사가 미래의 잠재적인 기회도 얻게 될 수 있다는 점을 기억하길 바란다.

그런데 우리는 인사 건네기를 꺼린다. 잠깐의 어색한 기운, 상대가 내 인사를 받아들일지 알 수 없는 불확실함 등의 이유로 나도 모르게 고개가 뻣뻣해진다. 한번은 아들이 엘리베이터에서 만난 어른에게 인사를 건넸는데 상대가 받아주지 않은 적이 있다. 아이는 머쓱해하며 실망감, 민망함이 섞인 눈으로 나를 쳐다보았다. '아이가 인사를 하면 받아줘야지 무표정으로 저게 뭐야…' 엘리베이터에서 내린 후에야 아이를 달래주었다. 별것 아니지만 상대에게 보인 호의가 무시되었을 때 우리는 작은 상처를 입는다.

한 글쓰기 플랫폼에서 인사를 굉장히 열심히 한다는 내용의 글을 읽은 적이 있다. 인도에 잠시 머물렀던 글쓴이는 아침마다 달리기를 하며 마을 사람들에게 인사했다. 일주일 정도 지나자 그들이 먼저 웃으며 알아봐주고 인사를 걸어오기 시작했다. 간식거리를 챙겨주는 사람까지 생겼다. 인사만 건넸을 뿐인데, 친밀한 감정이 느껴졌다. 상대방이 자신의 인사를 받아주지 않을 때는 이렇게 대처하길 제안한다. '내 목소리를 못 들었나 보네. 인사하는 걸 못 봤나 보다' 하고 그냥 넘겨버리는 것이다. 그리고 다른 사람들에게 다시 인사를 건넨다.

인사하는 데도 수동적인 사람이 적극적인 인간관계를 맺을 수 있을까? 인사를 건네는 작은 습관이 우리 인생에 예상치 못한 변화를 가져올 수 있음을 잊지 말자.

인간관계뿐만 아니라 인생의 기회도 만드는 인사, 어떻게 하면 좋을까? 우선 인사는 눈 마주침과 동시에 한다. 인사를 할까 말까 고민될 때가 가장 좋은 타이밍이다. 상대방과 눈이 마주친 순간, 바로 건네자. 인사할 때는 대충 얼버무리지 말고 정확히 끝낸다. 상대의 눈을 마주치고, 관심을 드러내는 가벼운 멘트까지 덧붙이면 더욱 좋다. "팀장님, 좋은 아침입니다! 주말 캠핑은 잘 다녀오셨어요?" 같은 사소한 말 한마디가 기분 좋은 아침을 만든다. 더불어 건물 안에서 마주치는 회사 경비원, 청소 도우미분들께도 자주 인사를 건네보자. 머쓱하고 민망하다고 안 하기 시작하면 점점 더 하기 힘들다.

07

고운 입매가
다정한 말을 만든다

입 꼬리에 마음 담기

입꼬리만 봐도 하려는 말을 안다

"선배님, 그거 알아요? 재미있는 얘기 하시기 전에 입이 먼저 웃고 있어요."

"호호호, 그래? 근데 너도 그렇네!"

입매에는 그 사람이 말하려는 생각, 내용이 담긴다. '입'이라는 단어에 '생김새' 또는 '맵시'의 뜻을 더하는 접미사 '-매'가 붙은 '입매'는 입이 생긴 모양을 뜻한다. 기분이 좋을 때는 입매도 웃고, 화내거나 짜증 낼 때는 입매도 함께 성낸다. 자막 없이 미드를 볼 때 배우의 입매만 봐도 그 사람의 뉘앙스를 대강 짐작할 수 있는 것처럼 말이다.

성격이 빈틈없고 꼼꼼한 사람은 말할 때도 입매가 아주 야무지다. 주변에 평소 불만이 많은 사람이 있다면 한번 떠올려 보자. 대부분 시니컬한 입매를 지니고 있다.

방송 교육을 할 때도 승무원들의 입매부터 관찰한다. 발성, 발음 역시 입술 모양에 따라 달라지기 때문이다. 정성스럽게 웃고, 성의 있게 발음하는 사람이 방송도 잘한다.

어쩔 수 없이 해야 하니까, 또는 선배나 상사의 등쌀에 못 이겨 교육에 참여한 사람들은 시니컬함이 입매에서부터 티가 난다. 입 모양은 내가 의식적으로 연출하기 어렵고 감정에 따라 그대로 투명하게 표현된다. 고운 말, 긍정적인 말을 할 때는 입매도 따라간다.

혹자는 입매도 타고나는 거 아니냐며 반문할 수도 있다. 단어에 따라 입술 모양을 움직여야 하니 입매를 내가 원하는 모양새로 하는 게 쉽지는 않다. 화상으로 수업을 진행할 때 가끔 화면에 비친 내 모습을 보게 될 때가 있는데, 나조차도 입매가 썩 마음에 들지 않을 때가 많다. 수업 시작 전 자세, 표정, 메이크업을 확인하며 매무새를 다듬듯 입매도 기분 좋게 만들지만, 수업 내내 유지하는 건 쉬운 일이 아니다. 그래서 더욱더 내 입매에 책임감을 느낀다.

나이가 들면 자신의 얼굴에 책임을 져야 한다는 말처럼, '입매무새'도 마찬가지다. 입매를 다듬으며 말투와 행동도 잘 다듬어보자. '끌어당김의 법칙'이란 말도 있지 않은가. 유쾌하고 고운 입매를 지닌 사람 주변에는 또 그런 사람이 모여들게 마련이다.

08

말주변이 없어서
손해 보는 것 같다면

**순발력 있는 말하기
훈련법**

순발력이 없다면 훈련하자

A 대기업에 다니고 있는 K 씨는 인상 좋고 업무 능력까지 출중하지만, 약점이 하나 있다. 바로 발표 공포증이다.

학창 시절부터 테니스를 좋아했던 그는 사내 테니스 동호회가 있다는 사실을 알고 바로 가입 신청을 했다. 그때까지만 해도 테니스 동호회에서 자신의 약점 때문에 곤란하게 될 거란 생각은 하지도 못했다. 대규모 동호회 행사 자리에 참여한 날, 사회자는 K 씨를 강단 앞으로 불렀다.

사회자: 안녕하세요. 웃는 모습이 서글서글하니 인상이 좋으시네요. 어느 팀의 누구신가요?

K: (어쩌지… 준비가 안 돼 있는데…) 아. 네… 저는 기획관리팀 ○○○입니다.

사회자: 네. 반갑습니다. ○○○ 씨. 자기소개 부탁드려요. 언제 입사하셨는지, 여자 친구는 있는지(웃음), 동호회는 어떻게 지원하게 되셨는지 그런 것들이요. 동호회 가입 지원서를 보니 테니스에 대한 열정이 남다르시던데 자세히 좀 이야기해주세요.

K: 아, 예… 저는 2019년도에… 처음엔 개발팀으로 입사를 했다가… 아니 그게 중요한 건 아니고, 다른 팀에 있다가… 기획팀에는 2019년도 11월에 들어갔고요… 테니스는… 사실… 그게 제가… 원래… 운동은… 아… 여자 친구는… 없고요….

사회자: 네, 제가 너무 기습 질문을 했나 봅니다. 그럼 잠시 후에 하도록 하고요. 다음은 L 씨와 말씀을 나눠볼까요?

강단에서 내려온 K 씨는 너무 부끄러운 나머지 테니스를 칠 마음도 싹 사라졌다. 이렇게까지 말주변이 없는 자신에게 다시 한번 실망하고 말았다. 이런 일은 K 씨만 겪는 문제가 아니다. '사람들 앞에서 여유 있게 말하고 싶다', '어디서든 당당하게 주눅 들지 않고 말하고 싶다' 같은 생각을 하는 사람이 많다. 말주변은 타고나는 것이라 여기고 시도조차 하지 않은 이

들에게, 할 수 있는 선에서부터 해보자고 말하고 싶다.

말하기는 운동과 같다. 어느 정도 수준에 이르기 위해서는 절대적인 시간이 필요하다. 초심자의 행운 같은 건 기대하지 말자. 초보자가 처음부터 대단한 실력을 보일 수는 없다. 차근차근 연습해야 한다.

순발력을 키우는 말하기 훈련법

첫 번째, 대화하기 편한 사람과 함께 특정 주제에 관해 이야기한다. 아무리 말을 못하는 사람이라도 주변에 편하게 말할 수 있는 사람이 한 명쯤은 있다. 내가 대화하기 편한 사람, 내 편인 사람, 내 말에 공감해주는 사람과 좋아하는 주제나 이슈에 관해 이야기를 나눠보자. 사전에 이야기할 주제를 정한 다음 어떤 말을 할지 의견이나 근거를 미리 준비하는 것도 좋은 방법이다. 가까운 사람과 여러 번 훈련하면서 작은 성공을 만들자.

두 번째, 리허설을 해본다. 특히 프레젠테이션이나 공식적인 자리에서 말을 해야 하는 상황이라면 꼭 핸드폰이나 카메라로 녹화해보기를 권한다. 나 혼자서도 연습할 수 있는 '가성비' 좋은 방법이다. 녹화된 모습을 보며 복기하고 부족한 부분을 보완하고자 노력하다 보면 꽤 근사한 모습으로 발표할 수 있을 것이다.

타고난 것만 무기가 아니다. 부족한 부분을 노력으로 개선해본 사람은 그 어떤 것보다 값진 무기를 얻는다. 대한민국 최고의 강사 김미경 대표는 이렇게 말한다. "많은 사람이 말하는 능력은 타고나야 한다고 생각한다. 절대, 아니다. 나도 많이 떨린다. 특히 처음 말하는 주제라면 더 많이 연습한다. 세상에 절로 되는 건 없다. 연습하고 노력해서 이만큼 된 것이다."

나 역시 언변이 뛰어난 사람이 아니다. 심지어 육아휴직을 하고 복직한 직후에는 비행기에서 손님 응대조차 어색하게 느껴졌다. 지금은 많은 승무원을 교육하고, 다양한 연령대의 사람들 앞에서 강의한다. 교관이 된 후 초반에는 내 역량의 10분에 1도 발휘하기 어려웠지만, 지금은 여러 해 경험이 쌓여 전보다 훨씬 편안해졌다. 수없이 연습했던 내용은 어디에서건 술술 나온다.

세 번째, 방송 프로그램 진행자처럼 일상적인 상황을 누군가에게 설명하듯 말해본다. 이를테면 음식 준비를 할 때 요리 프로그램에 나온 요리사처럼 조리 과정을 설명해보면 어떨까? 오늘은 어떤 요리를 하는지, 재료는 무엇인지, 어떻게 썰고 다듬는지, 맛은 어떤지 전 과정을 하나하나 설명해보는 거다. 요리할 때뿐만 아니라 산책할 때, 운전할 때, 일상의 어떤 순간이든 나의 상황과 주변 환경을 묘사해본다.

네 번째, 메모하는 습관을 들인다. 읽은 책, 마음에 들었던 문구, 아이디어를 정리해보자. SNS, 메모장, 일기장에 적는 것을 추천한다. 말을 잘하고 싶다면 생각을 정리하는 방법부터 배워야 한다. 흩어진 생각을 구조화하는 데 익숙해지면 횡설수설하는 일을 줄일 수 있다. 하루 이틀 사이에 변화가 생길 리는 만무하다. 작은 조각이 모이고 모여, 나만의 멋진 한마디가 만들어진다.

내가 멘토로 여기는 작가님이 한 이야기이다. "저는 말하기를 즐기는 사람이 아니에요. 그런데 유튜브 촬영을 하면서 여러 번 쓰고 읽는 과정에서 말이 많이 늘었어요."

마지막으로 열심히 노력해도 말주변이 늘지 않는 것처럼 느끼는 사람에게 해주고 싶은 말이 있다. 스스로 말을 유창하게 못한다고 작아지거나, 위축될 필요가 전혀 없다. 역설적으로 말을 잘하려고 하기 때문에 못하는 것이다.

중요한 것은 소통에 임하는 태도다. 소통은 결국 교감이다. 말을 잘한다는 건 혼자 청산유수 떠드는 게 아니다. 공을 던지고 받는 것처럼 대화도 잘 던지고 받는 게 중요하다. 말이 매끄럽게 나오지 않더라도 괜찮다. 차근차근 단어를 고르면서 자신의 호흡으로 이야기하면 된다. 경험치가 쌓이고, 말주변이 조금씩 늘다 보면 어느 순간 '좋은' 스피커가 될 수 있을 것이다.

［ KEY POINT ］

순발력을 키우는 말하기 훈련법

1. 대화하기 편한 사람과 함께 특정 주제에 관해 이야기하기. 사전에 주제에 대한 의견이나 근거를 미리 준비해보자.
2. 중요한 발표는 리허설하기. 녹화 영상을 확인해 잘못된 부분을 고치려고 노력해보자.
3. 일상적인 상황과 주변 환경을 묘사하고 말해본다.
4. 책에서 본 문구, 아이디어 등 메모하는 습관을 기른다.

09

거절 못 하는 것도
습관이다

현명하게 거절하는 기술

거절을 못 하는 사람들

사례 1) 사람 좋기로 소문난 김 대리

최 과장: 김 대리, 혹시 이번 추석 연휴에 뭐 해? 나 본가, 처가에다 들리게 돼서 연휴 마지막 날 당직 서기가 힘들 것 같은데 말이야. 혹시 그날 당직 좀 부탁해도 될까?

김 대리: 과장님, 제가 이번 연휴에 병원에 다녀와야 해서….

최 과장: 에이, 김 대리는 아직 싱글이잖아. 본가만 살짝 다녀오면 되고, 총각이니 좀 낫지. 병원은 언제 가는데? 마지막 날 가는 거야?

김 대리: 아니요. 그건 아닌데, 그러시죠. 마지막 날 좀 푹 쉬고 나오려 했는데, 과장님도 바쁘시겠네요. 제가 당직 서드릴게요.

최 과장: 아유, 고마워. 역시 김 대리야.

사례 2) 백화점만 가면 마음에도 없던 물건을 사 오는 제니 씨

매장 직원: 이 스타일 정말 잘 어울리시네요. 핏이 진짜 예쁘게 살아요. 이거 말고도 소재는 다른데 여리여리한 핏 스커트가 있거든요. 손님한테 잘 어울리실 것 같아요. 입어보세요.

제니: 아… 감사해요. 진짜 이쁘네요.(어머, 30분이나 있었네. 옷도 너무 많이 입어본 것 같은데, 하나 사 가지고 가야 하나?)

매장 직원: 지금 세일하니깐 이거 사 가시면 이익 보시는 거예요. 찬찬히 보세요.

제니: 아… 네.(다음 달 친구 결혼식도 있는데, 사놓을까? 어차피 옷이 없어서 사야 했는데.) 저 이거 주세요.

매장 직원: 네, 알겠습니다. 후회 안 하실 거예요.

김 대리와 제니 씨는 거절을 어려워하는 스타일이다. 타인의 어려움이나 부탁을 모른 척하기도 힘들고, 무엇보다 거절했을 때 상대방 기분이 상할까 봐 어떻게든 도와주려고 한다. 자신이 무리하는 상황에서도 불편함이나 갈등을 피하고 싶어, 스스로를 설득하기까지 한다. 김 대리는 최 과장이 자신보다

더 힘들고 바쁠 거라고, 제니 씨는 다음 주 결혼식이 있으니 어차피 옷이 필요했다는 식으로 합리화한다.

먼저 자신이 처한 상황, 정서적 상태, 업무 범위 등을 고려하자. 상대방이 원하는 만큼 모든 걸 도와줄 수도 없고 그럴 필요도 없다. 부탁을 거절하지 못하는 심리에 제동을 걸지 않으면 언젠가 과부하에 걸릴 수 있다. 부탁받은 일을 처리하느라 정작 본인의 업무가 밀리거나, 상대의 눈치를 보며 거절을 미루다가 뒤늦게 어쩔 수 없이 상황을 설명하면 오히려 싫은 소리를 들을 수도 있다.

현명하게 나를 지키는 거절법

상대방이 과도한 부탁을 할 때 상처 주지 않으면서 현명하게 거절하는 방법은 무엇일까.

첫 번째, 잠시 생각해보겠다고 말한 다음 언제까지 답을 주겠다고 이야기한다. 시간을 벌면서 상대방이 부탁한 일을 들어줄 수 있는지 판단해보자. 그사이 상대도 다른 사람에게 부탁할 수 있는 일인지 다시 한번 생각해볼 수 있다. 바로 거절하는 것보다는 심사숙고하는 과정을 거치면 상대도 거절 의사를 받아들일 여유가 생긴다.

사례 1에 나왔던 최 과장의 부탁이 반복되는 일이라면 성격 좋은 김 대리를 이용하는 상황일 확률이 높다. 잘 들어주니까 계속 부탁하는 거다. 이런 호의가 반복되다 어쩔 수 없이 부탁을 들어주지 못하는 상황이 생기면 더 큰 불만이 돌아온다. 김 대리 같은 상황에서는 최 과장에게 바로 대답하기보다는 "잠시만요, 과장님. 제가 스케줄 좀 보고, 가능한지 퇴근 전까지 말씀드려도 될까요?"라고 답한 뒤 시간을 갖는 것이 좋다. 답변을 유보하는 것만으로도, 절반은 거절한 셈이다. 그리고 나면 나중에 거절 의사를 밝히는 것도 덜 부담스러워진다.

사례 2에서 오랜 시간 친절하게 응대해준 점원에 대한 미안함 때문에 옷을 구매하려 했던 제니 씨도 '시간 벌기' 작전을 썼으면 어땠을까? "추천해주신 옷이 정말 마음에 드네요. 근데 제가 처음 들어온 매장이라 한 바퀴만 둘러보고 올게요."

이런 식으로 대답했다면 좀 더 편안한 마음으로 매장을 나설 수 있었을 것이다. 매장 직원이 아무리 친절하게 대해줘도 내 통장의 잔고보다 중요하지는 않다.

두 번째, 상대의 고충을 먼저 들어본다. 타인에게 부탁할 때에는 경중의 차이는 있겠지만 대부분 어려운 상황에 처해 있을 것이다. 상대방도 부탁하는 일이 어려웠을 테니, 그 마음에 먼저 공감하는 게 중요하다. 성심성의껏 고충을 들어준 다음 예의를 갖춰 거절한다면 상대의 서운함도 해소할 수 있고, 거절 때문에 관계가 망가질 일도 없다.

세 번째, 상대가 납득할 만한 이유로 거절한다. 직장 상사가 무리한 지시나 부탁을 해도 상사와의 관계 때문에 거스르기 쉽지 않다. 이럴 때는 '왜냐하면'이라는 단어를 떠올려보자. 그리고 상사가 충분히 받아들일 수 있는 이유를 제시한다. 예를 들어, 상사가 무리한 일정으로 보고서를 작성하라고 지시했다면 무리해서 일을 처리하지 말고, 그 기간 안에 보고서를 완성할 수 없는 이유를 구체적으로 이야기한다. 협력 업체에 추가로 자료를 요청해야 한다든지, 결과 데이터를 만드는 데 시간이 어느 정도 소요된다든지 설득할 만한 이유는 충분히 있다.

단순히 꼼수를 부리는 게 아니라, 상사의 지시가 불가능한 일이라면 그 근거를 제시할 수 있으면 된다는 것이다. 아무 말 없이 시키는 대로 일을 수행하다가 뒤늦게야 그 기한 안에 할 수 없음을 알아차리고 보고한다면 오히려 업무에 대한 장악력이 떨어지는 것처럼 보일 수 있다.

또는 다른 부서에서 무리하게 협업 요청을 할 경우, 시스템이나 프로세스를 언급하는 것도 좋은 방법이다. 보고와 승인이 중요한 조직 사회에서는 충분히 이해할 만한 사유이다. 이때 주의할 점은 절차상 문제로 떠넘기는 듯 보이지 않도록 한다. 너무 오래 끌지 말고 신중하게 판단해서 거절할 일이라면 빨리 거절 의사를 밝혀야 한다.

현명하게 거절하는 사람은 평상시에 삶의 우선순위를 정리
해놓았을 확률이 크다. 한정된 자신의 시간과 에너지를 소중
하게 여긴다는 뜻이다. 거절하지 않는 것은 착한 것이 아니라,
나에게 무례한 것이다.

10

말에는
품격이 담긴다

말과 태도가 빛나는 사람

당신의 말과 태도를 지켜보는 사람이 많다

"당신들 내가 누군지 알아? 지금 이렇게 하면, 당신들 어떻게 되는지 내가 보여줘?"

승객이 단단히 화가 났다. 초과된 양의 수하물을 기내로 가지고 들어오다 공항에서 실랑이가 있었다. 화가 풀리지 않았던지 비행 중에도 계속 트집을 잡고 승무원에게 모욕적인 말도 서슴지 않았다. 온갖 소란 속에 비행기는 무사히 착륙했지만, 담당 승무원의 몸과 마음은 남아나지 않았다. 난동을 부린 승객이 내리자 다른 승객들이 고생 많았다며 인사를 건넸는데, 그중 한 분 말씀이 인상적이었다.

"저런 사람은 자기 말이나 행동이 다시 본인한테 돌아온다는 걸 몰라요. 자기 복은 자기가 잘 가꾸어야 하는데."

말과 태도가 나를 만든다. 내가 하는 말과 행동이 내 삶을 채워간다. 티끌만큼도 손해 보거나 불편하고 싶지 않은 태도는 결국 타인을 무리하게 만든다.

말과 태도가 빛나는 사람

· 상사를 대할 때: "어머, 매니저님, 너무 오랜만이에요. 잘 지내셨어요? 그새 얼굴이 더 좋아지셨어요."

· 손님을 대할 때: "사장님. 저희가 맛있게 소고기 스테이크 준비해드릴게요. 함께 드실 와인으로 사장님이 좋아하실 만한 걸로 추천해드리겠습니다."

· 후배나 부하 직원에게: "○○ 씨, 아까 내 얘기 못 들었어요? 나이 차이가 얼마 안 난다고 내가 선배로 안 보이나 봐? 내가 막내 때는 안 그랬는데, 스스로 못 하면 시킨 일이라도 제대로 해요."

우리 주변에서 흔히 만날 수 있는, 상황에 따라 태도를 바꾸는 사람이다. 사람과 상황에 따라 말과 태도를 바꾸는 사람이 사수나 상사라면 일터는 지옥이 따로 없다. 만만한 후배나 동료에게 함부로 대하는 사람과는 절대 신뢰 관계를 쌓아갈 수 없다.

함께 일하는 교관 중 유난히 '속이 좋은' 후배가 있다. 인성이며, 실력이며, 뭐 하나 나무랄 데가 없다. 한번은 교관들이 모인 자리에서 AI가 봐주는 사주에 관해 이야기하며 다들 애플리케이션으로 사주를 보기 시작했다. 후배가 보지 않고 있길래 이유를 물었다. "어차피 엄청 좋은 사주일 텐데요, 뭐. 볼 필요가 없어요!" 하는 것이 아닌가? 유머 있고, 긍정적인 그녀 덕분에 한바탕 웃었다. 또 한번은 예쁘게 차려 입은 옷에 색이 강한 음식물이 묻은 적이 있다. 그녀는 당황하는 나에게, "괜찮아요, 선배님! 안 지워지면 또 사면 돼요. 넘쳐나는 게 돈인 걸요!" 하며 활짝 웃어 보였다. 씀씀이가 헤퍼서 그런 게 아니라, 상대를 안심시키려고 하는 말이라는 건 누가 들어도 알 수 있었다. 항상 기분 좋고 여유 있는 말투 덕에, 그녀에게는 누구도 함부로 할 수 없는 아우라가 있었다. 어떤 상황에서도 절대 무너지지 않을 안정되고 단단한 내면이 그녀의 말투에서도 묻어나왔다.

말이 주는 힘은 실로 대단하다. 말투는 우리의 내면을 반영하는 동시에, 마음을 빚어내기도 한다. 의식적으로 좋은 말을 하려고 노력해보자. 마지막으로 긍정적인 효과를 가져오는 말투 2가지를 소개하겠다.

첫 번째, 마무리가 자꾸 늦어지고 손대기 싫은 일이 있다면 '별거 아니야'라고 말해본다. 이 말을 하고 나면 귀찮음에 대한 저항력이 줄어드는 듯한 기분이 든다. 사실 처음이 어려울 뿐 막상 시작하면 의외로 빨리 해결할 수 있는 일이 대부분이다. 자타공인 '일잘러' 지인은 출근하자마자 가장 하기 싫은 업무부터 해치워버린다고 한다. 그러면 성취감도 생기고 온종일 그 일을 처리해야 한다는 부담감을 느낄 필요도 없다. 남은 업무도 더욱더 가벼운 마음으로 할 수 있다. 부담스럽고 힘든 일일수록 하기 전에 마법의 대사를 뱉어보자. "그냥 해보지, 뭐. 별거 아냐."

두 번째, 무언가를 요청할 때 간곡한 부탁보다 감사를 표현한다. 자주 도움을 받는 유관 부서 직원에게 "잘 부탁드립니다" 대신 "항상 도움 주셔서 감사해요"라고 전했다. 큰 기대 없이 한 멘트였는데, 이런 대답이 돌아왔다. "아닙니다. 정말 업무가 많으시네요. 힘드시겠어요. 저희도 도울 수 있는 부분은 최대한 돕도록 할게요." 물론 업무도 기한 안에 잘 마무리할 수 있었다. 감사한 마음은 아무리 표현해도 지나치지 않다.

11

자신감 있는 말투는
자존감에서 나온다

당당한 마음이 기본값

자신감은 사람을 끄는 힘을 지니고 있다

사람들은 진정성 있고 당당한 태도에 매료된다. 진정성은 진심을 전하는 표정과 태도, 그리고 목소리에 담긴다. 목소리가 명확하고 신뢰감 있게 들린다면 메시지도 설득력 있게 전달할 수 있다. 자기가 하는 말에 확인과 소신이 있을 때 목소리와 태도, 말투에도 자신감이 묻어난다. 단순히 목소리가 마음에 들지 않는다고 발표할 기회를 놓쳐버리거나, 말하는 것에 자신이 없어 뒤로 숨지 말자. 목소리는 심리 상태를 드러내는 바로미터 같다. 마인드 컨트롤이 가장 중요하다. '나는 자신감 있고 당당하다'라는 마음을 기본값으로 장착하자.

목소리에 관심과 사랑 주기

자기 목소리에 애정을 가지면 소리를 내는 데 주저함이 없다. 자꾸 소리를 내보면서 자기 목소리를 관찰하고, 가능하다면 다른 사람에게 피드백(음성이 약한지, 높은지, 빠른지 등)을 받아보는 것도 좋은 방법이다.

나 역시 내 목소리를 처음부터 좋아했던 것은 아니다. 오히려 '발음이 좀 더 좋았으면 좋겠다', '지금보다 더 풍성한 소리를 내면 좋겠다'라고 생각했다. 명색이 기내 방송의 표준이라는 방송 교관임에도 쥐구멍에 들어가고 싶은 순간도 많았다. 하지만 이런 태도로는 내 목소리에 자신감을 가질 수 없었고, 누구도 가르칠 수 없었다.

도저히 안 되겠다 싶어, 내 목소리를 들여다보는 시간을 가졌다. 내가 했던 기내 방송도 다시 들어보고 신문 기사, 마음에 드는 책의 문구도 녹음해 들어보았다. 목소리를 자주 마주하며 들여다보고 좋은 점을 발견하려 노력했다. 그러자 조금씩 내 목소리가 매력적으로 느껴지기 시작했다. 누군가에게 들려주기 꺼려졌던 목소리에 자신감과 진심이 담겨, 이제는 제법 만족스럽게 느껴진다.

다이어트를 할 때 '눈바디'로 몸을 계속 관찰하는 것처럼 목소리도 꾸준히 녹음하면서 확인해보자. 내가 쓴 글, 좋아하는 문구, 자신감을 심어주는 확언 등 뭐든 좋다. 자신의 목소리를 애정하는 것부터 시작이다. 그러다 보면 타인과 소통할 때도 매력적이고 자신 있는, 나만의 색깔이 묻어나는 목소리를 낼 수 있다.

PART 3

좋은 목소리는 타고나는 게 아니라 만들어진다

01

목소리에도 '관상'이 있다

**눈빛만큼
중요한 목소리**

이미지를 결정짓는 목소리 첫인상

"그거 알아? 면접관으로 관상 보는 사람이 들어와서 지원자 관상을 본대. 비행기가 떨어질 관상을 가지고 있는 사람은 안 뽑는다네?"

"설마! 얼굴에 그런 것도 나오나?"

승무원 공채를 함께 준비하던 친구가 한 말이다. 지금은 사실이 아님을 알지만 당시에는 온갖 정보에 촉을 세우고 있던

터라, '정말 그럴까?' 반신반의하며 관상가라도 찾아가야 하나 싶었다.

관상까지는 아니어도 우리는 누군가를 만나면 "저 사람 인상이 참 좋다" 또는 "인상이 별로다"라고 이야기하곤 한다. 사람들은 호감 가는 인상에 쉽게 마음이 열린다. 좋은 인상을 주기 위해 시술의 도움을 받는 사람도 많다. 직업상 대외적으로 사람을 만나야 하는 사람이라면 예산과 부작용을 따져보고 감당할 수 있는 선에서 적당한 시술의 도움을 받는 것도 일종의 '투자'라고 생각한다. 단기적이고 일시적인 차원이지만 말이다.

그런데 돈 한 푼 들지 않고, 부작용도 없으면서, 인상을 좋게 만드는 방법이 있다. 바로 입과 눈이 함께 웃는 얼굴이다. 사업에 큰 어려움을 겪던 지인이 있었다. 그는 연이은 사업 실패로 언제나 얼굴에 그늘이 있었다. 어느 날 문득, 거울을 보는데 누가 봐도 인생이 안 풀리는 사람의 얼굴이었다. 이런 얼굴로 사람을 만나고 비즈니스를 해봤자 무슨 소용이 있겠나 싶었다. 그는 다음 날부터 웃는 연습을 시작했다. 주위에서 좋은 일이라도 생겼냐고 물어볼 정도였다. 그런 질문을 들을 때마다 그는 이렇게 대답했다. "좋은 일 생기라고 웃는 거지!"

시간이 지나며 그늘졌던 그의 얼굴은 점점 웃는 상으로 변했다고 한다. 웃는 얼굴이 기분 좋은 말, 긍정적인 태도를 만들었고 사업도 긍정적이고 여유 있는 태도로 운영하게 되었다.

그는 이제 일부러 웃지 않아도 웃을 일만 가득하다고 믿는다. 과연 그는 사업에 성공했을까? 당신도 '웃상'으로 살다 보면 그 대답을 알 것이다.

좋은 기운을 부르는 목소리

관상에서 중요하게 보는 부분이 '눈빛'이라고 한다. 눈에 밝은 기운이 있는 사람은 성공할 가능성이 매우 크다고 한다. 의욕이 있고 에너지가 넘치는 사람의 눈빛에는 형형한 힘이 있다. 그런데 눈빛만큼 중요한 것이 바로 목소리다. 목소리의 기운과 분위기에서도 그 사람의 성격, 습관 등을 엿볼 수 있다.

음성에는 사람의 영혼이 깃들어 있다고 한다. 맑고 건강한 음성으로 말을 건네면 상대방도 기분이 좋다. 주변에 좋은 기운을 주고 자신이 바라는 미래를 가꾸기 위해 목소리에 투자하는 일은 분명 의미가 있다.

성공한 사람 대부분은 자신의 노력만으로 그 위치까지 간 게 아니라고 말한다. 운이 좋았고 시류를 잘 탔으며 주변에서 많은 도움을 받았다고 한다. 인생에서 좋은 기운을 잘 관리하는 것 또한 내가 바라는 삶으로 가는 지혜가 아닐까.

02

목소리도
좋아질 수 있나요?

**신문 낭독으로
목소리 훈련하기**

소리도 많이 내보아야 좋아진다

목소리가 좋아지려면 소리 훈련을 많이 해봐야 한다. 읽는 데서 그치지 말고 녹음하고 다시 들어보며 모니터링하는 단계를 거쳐야 한다. 자신의 목소리를 처음 들어보면 무척 민망하고 어색하지만, 진짜 목소리를 파악해야 앞으로 어떻게 연습해야 할지 감을 잡을 수 있다.

일상생활에서 쉽게 할 수 있는 방법은 신문을 소리 내어 읽는 것이다. 신문 기사는 논리와 구조가 짜임새 있고 탄탄해서 꾸준히 읽으면 논리력을 키우는 데도 도움이 된다. 특히 경제 신문을 추천하는데, 경제 상식도 덤으로 얻을 수 있으니 일석 이조다. 종이 신문을 구독하는 게 부담스럽다면 인터넷 사이 트나 애플리케이션에서 양질의 기사를 골라보자.

낭독 분량은 종이 신문 기준 한 기사에서 세 문단 정도가 적 당하다. 낭독에도 꽤 많은 에너지가 든다. 소화할 내용이 길어 지면 진이 빠져 금세 포기하기 쉽다. 처음부터 욕심내지 말고 조금씩 꾸준히 하는 게 제일 중요하다.

기사를 골랐다면 무턱대고 읽지 말고 먼저 눈으로 내용을 훑어보며 의미를 파악한다. 그다음 작은 소리로 읽어보며 호 흡에 따라 쉬어야 할 부분을 체크한다. 숫자나 중요한 단어처 럼 힘이 실려야 하는 부분도 표시해둔다. 단어 하나하나 틀리 지 않고 유창하게 낭독하는 일은 생각보다 쉽지 않다. 잘 아는 단어인데도 발음을 틀리거나 속도 조절이 안 돼 숨이 차기도 한다. 어려운 발음은 따로 쪼개 연습하여 매끄럽게 만들고, 편 안한 속도로 3번 정도 읽어보자.

사전 준비가 끝났다면 적절한 볼륨, 바른 자세와 발성으로 녹음해본다. 여러 번 연습을 하고도 막상 녹음을 시작하면 생 각만큼 잘되지 않는다. 마음에 들지 않더라도 굴하지 말고, 꿋 꿋이 녹음한다. 목소리의 높낮이, 볼륨, 발음의 정확성 등을 들

으며 스스로 피드백 해보자. 이때 진짜 실력이 자란다. 자기 속
도로 여유 있게 문장 끝까지 호흡을 조절하며 내 목소리 능력
을 키워보자.

💬 신문 낭독에 도움 되는 Tip

1. 기사 내용을 속으로 읽으며 의미 파악하기

2. 소리 내어 읽으며 쉴 부분 찾기

3. 발음이 어려운 단어와 강조어에 표시하기(어려운 발음은 하나씩 또박또박,
   강조어는 음가를 조금 높여서)

4. 3번 정도 낭독한 후 녹음하기

체크 항목	낭독한 음성 파일을 들으며 아래 항목을 체크하기
음성	**호흡을 적절하게 조절하여 안정감 있게 소리 낸다.** 소리를 낼 때 허리를 편 자세로 복부에 살짝 힘이 들어가고 쇄골 아래 흉부에 진동이 있는지 확인한다. **발성을 잘 유지하며 문장 끝까지 자신 있는 목소리로 낭독한다.** 문장 끝을 흐리지 않고 분명하게 소리 내는 것만으로도 상대방에게 신뢰감을 줄 수 있다.
음색	**목소리의 음색은 표정을 따라간다.** 평소 말할 때 친절하고 우아한 이미지를 주고 싶다면 리딩 연습을 해보자.
억양	**표준어를 구사하는 습관을 들이자.** 예를 들어 '가계 부채', '연준', '테이퍼링' 등 단어의 첫음절 '가', '연', '테'에 집중해 발음한다. **의미 단위로 읽는다.** 단어 하나하나가 아닌, 의미 덩어리로 끊어서 읽는다.
발음	**자음, 모음, 받침까지 뭉개지지 않고 명료하게 소리 내는지 확인한다.** 입은 크게, 혀는 부지런히 움직인다.
속도	**말이 빨라져 꼬이지 않게 속도를 조절하여 기사를 읽는다.** 평소 말할 때 속도가 빠른 사람은 1.5배 정도 천천히 소리 낸다.

03

문장 끝까지
단단하게 말한다

**당당한 이미지를 만들기 위한
첫 번째 스텝**

문장을 제대로 끝내자

"제 고민은요~ 말소리가 끝까지 안 가는 것 같은 거고~ 그
래서 좀 자신 없어 보이는 것 같아서~ 그래서 그런지 주변 사
람들이 저한테 힘없이 이야기한다고~ 그런 얘기를 자주 들어
요~ 그게 제가 말하는 습관인 것 같은데~"

D 씨는 말하는 습관을 바꾸고 싶은데, 어떻게 해야 할지 모
르겠다면서 고민을 털어놓기 시작했다. 그녀는 말할 때 끝맺

음이 명확하지 않았다. 문장을 끝맺지 않고 죽 연결하다 보니 말의 핵심을 파악하기 어려웠다. 두루뭉술한 말투 때문인지 인상이나 이미지까지 흐릿해 보였다.

그녀는 비행 중에 상황을 보고하거나 손님을 응대할 때도 생각처럼 말이 잘 전달되지 않아 오해를 받는 경우가 종종 생긴다고 했다. 그러다 보니 평소 말할 때 주눅이 들었다. 기내 방송에서도 소극적인 태도가 묻어났다.

그녀에게 어미를 늘이지 말고, 정확하게 끝맺어보자고 제안했다. 의식적으로 한 문장, 한 문장 끊어보는 것이다. 호흡이 불안정하거나 목소리가 작은 사람은 주어만 들리고 나머지는 거의 잘 들리지 않는 경향이 있다. 호흡을 한꺼번에 다 써버려 끝까지 소리 내기 힘들 때는 의미 단위에서 잠시 쉬고, 문장 마지막 부분까지 복부 힘을 유지하면 좋다. 평소 목소리가 유난히 작은 사람은 말을 시작할 때 목소리 볼륨을 크게 키울 필요가 있다.

일명 '아투'라고 하는 어린아이 같은 말투 역시 말끝을 흐리고 모음 발음을 명확하게 하지 않을 경우 자주 나타난다. 턱을 위아래(세로)로 쓰지 않고 양옆(가로)으로만 벌리기 때문에 거의 모든 모음 소리에 '으', '이' 음가가 섞인다. 예를 들면, '어떻게'는 [어트케]로 '구입'은 [그입]으로 소리 난다. 턱은 양옆으로뿐만 아니라, 위아래로도 크게 벌려야 한다. 턱을 세로로 움직이면 명료하고 성숙한 소리가 난다. 그뿐만 아니라 위아래 벌어진 공간으로 울림이 커져 더 좋은 소리가 난다.

문장의 끝 처리는 말의 전체적인 분위기를 좌우할 만큼 중요하다. 특히 서술어가 뒤에 나오는 한국어 특성상 말꼬리를 흐리면 내용 자체가 제대로 전달되기 어렵다. 자신감도 없어 보인다. 가능한 한 문장 끝을 흐리거나 작은 소리로 말하는 일은 없어야 한다.

채용 담당자가 조언하는 단단한 말투와 목소리

미국 데이튼 대학 심리학과 존 스파크 교수가 대기업의 인사 담당자들을 대상으로 진행한 연구 결과에 따르면, 채용 면접에서 "~입니다"라고 말했던 사람이 "~인 것 같은데요" 식의 애매모호하게 대답한 사람보다 훨씬 또렷한 인상을 남겼다고 한다.

한 기업의 면접 담당자는 수많은 지원자와 전화 통화를 했는데, 목소리와 말하는 톤만 가지고도 상대방에게 가능성이 있는지를 판단할 수 있다고 했다. 합격 가능성이 낮은 사람들은 '목소리에 힘이 없다, 발음이 부정확하다, 말투가 느릿느릿하다' 같은 공통점이 있다. 반면 '진행해볼 만하다'라는 생각이 드는 사람은 목소리에 힘이 있고 또렷하며 말투가 단정하면서도 단호했다. 발음도 명확하고 듣는 이가 알아들을 수 있는 적당한 속도로 말했다. 그는 면접자와 통화할 때 마음속으로 '제발 목소리와 말투를 힘 있게 하시라'고 조언하고 싶을 때가 한두 번이 아니었다고 한다.

목소리만 들어도 상대방이 어떤 사람인지 어느 정도 감을 잡을 수 있다. 그만큼 면접, 프레젠테이션 등 누군가를 설득하는 자리에서 목소리의 역할은 생각보다 더 중요함을 잊지 말자.

⊜ **두루뭉술한 이미지를 또렷한 이미지로 살려내는 Tip**

1. 문장 끝까지 명료하게 소리를 낸다. 평소보다 1초 정도 길게 소리 낸다.

2. 목소리가 작은 사람은 시작할 때 목소리 자체의 볼륨을 키운다. 복부 힘을 유지하며 호흡을 조절한다.

⊜ **명확하고 확신 있는 말투를 위한 Tip**

말하기 전에 떠오르는 생각을 먼저 정리한다. 문장을 정확히 끝내지 못하는 사람은 자기 확신이 부족하기 때문인 경우가 많다. 평소 말을 꺼내기 전에 생각을 정리해보는 습관을 들이자. 또렷하고 명료한 목소리의 바탕은 명확한 사고에서 나온다.

⊜ **아이 같은 말투를 성숙한 말투로 바꿔주는 모음 연습**

ㅏ: 아래턱을 내리고 혀를 낮추어 소리 낸다. 입을 크게 벌린다.

ㅣ: 입 모양이 아래로 길게 벌어지며 윗니가 보일 정도로 입술을 팽팽하게 유지한다.

ㅔ: 손가락 1개 끝이 들어갈 정도로 입을 벌려 발음한다.

ㅐ: ㅔ보다 턱을 더 아래로 내려 벌린다. 손가락 2개 끝이 들어갈 정도로 입을 벌린다고 생각하고 발음한다.

ㅗ, ㅜ: 입술을 확실하게 모아야 하는, 상당히 귀찮은 발음이다. 입 모양을 제대로 만들지 않고 대강 발음하면 우물거리는 인상을 줄 수 있으니, 입술을 확실히 모아 소리 낸다. ㅜ는 ㅗ에서 입술을 쭉 내밀어 소리 낸다.

ㅘ, ㅝ: 이중모음인 두 단어를 단모음 ㅏ, ㅓ로 발음하는 경우가 많다. 천천히 두 모음을 ㅗ + ㅏ = ㅘ, ㅜ + ㅓ = ㅝ로 발음한다. 입술 모양과 턱의 변화에 조금만 주의를 기울여도 확실하게 잡히는 발음이다.

04

숨만 잘 쉬어도
목소리가 달라진다

**발성의 기본은
숨쉬기**

제대로 숨 쉬는 법

"저는 조금만 말해도 숨이 차요."

"저는 오래 얘기하면 목이 아파요."

이와 비슷한 고민을 하는 사람들에게 추천할 만한 방법은 호흡 훈련이다. 숨쉬기만 잘해도 목소리가 달라진다. 호흡을 통해 '목소리 퀄리티'가 결정되는데, 많은 사람이 호흡의 중요성에 대해 간과한다. 직업적으로 말을 많이 해야 하거나 목소리가 더 좋아지고 싶은 사람이라면 호흡법만 제대로 연습해도 효과를 볼 수 있다.

흔히 목에서 목소리가 나온다고 알고 있지만, 사실 목소리는 여러 기관이 함께 만들어낸다. 코와 폐로 들어간 공기가 횡격막과 성대를 포함한 조음기관을 거쳐 다시 나오는데, 이때 배에 힘을 주고 호흡을 뱉으며 말하면 평소와 다른 소리가 나온다. 이를 복식호흡이라 한다. 차량으로 치면 복식호흡으로 내는 소리는 배기량이 3,000CC인 데 반해 목으로만 내는 소리는 1,000CC이다. 그만큼 힘에서 차이가 난다는 뜻이다.

소리 낼 때 배기량이 낮은 흉식호흡을 하면 목에 힘이 들어가지만, 복식호흡을 하면 목이 아닌 배에 힘을 주니 성대를 보호할 수 있다. 복식호흡은 숨이 차지 않고 안정된 소리를 내는 데 도움을 준다.

힘 있고 긴 호흡은 어떻게 만들 수 있을까? 승무원 H는 기내 방송 시 호흡을 들이마시고 내뱉는 소리가 많이 드러나 고민했다. 복식호흡이 아닌 얕은 호흡으로 말하기 때문이었는데, 나는 그녀에게 깊게 유지되는 안정된 호흡으로 바꾸어보자고 제안했다.

우선 올바른 자세를 취한 상태에서 코로 숨을 들이마신다. 이때 어깨가 들리지 않도록 주의하고 아랫배에 살짝 힘을 준다. 코로 들이마신 공기가 폐에 들어가면 횡격막이 내려가고,

다른 장기들은 앞으로 밀리면서 배가 불룩하게 나온다. 폐로 들어간 공기에 소리가 얹어져 나올 때가 가장 중요하다. 늘어난 폐와 횡격막을 수축시키며 숨을 뱉는다. 복근 운동을 할 때 배 근육이 땅기는 것과 비슷하게 느껴진다. 한 번에 호흡이 빠져나가지 않도록 배 근육에 일정한 힘을 주는 상태를 유지한다. 복식호흡은 횡격막의 수축과 이완을 통해 얻어지는 호흡이기에 횡격막 호흡이라고도 한다.

복식호흡의 효과

복식호흡의 장점은 흉식호흡보다 더 많은 공기를 폐 깊숙한 곳까지 한 번에 채울 수 있다는 것이다. 많은 양의 공기가 발성 기관을 통과하면 훨씬 더 풍성하고 울림 있는 소리가 된다. 또한 배로 공기의 압력을 조절해 소리를 내기 때문에 목 주변에 힘이 들어가지 않아 편안한 소리가 만들어진다. 복식호흡은 좋은 목소리 표현을 위해서만이 아니라 긴장감을 덜어주는 효과도 있어 면접이나 발표 전에 하면 도움이 된다.

호흡이 강하고 긴 사람, 즉 숨을 제대로 쉬는 사람이 오랫동안 좋은 목소리를 낼 수 있다. 오랜 경력의 한 방송인은 신입 시절 생방송을 할 때 긴장감으로 목소리가 떨리며 컨트롤이 안 돼서 고생했다는 경험담을 털어놓았다. 그는 '프로 세계로 나오기 전에 호흡 훈련을 좀 더 열심히 해둘걸…' 하며 후회했다고 한다.

　하루아침에 호흡하는 방법을 바꾸기는 어렵다. 그렇지만 한 번 체화하고 나면, 자전거 타기와 수영처럼 절대 잊어버리지 않는다. 그러니 시간을 들여 몸에 익혀보자.

쉽게 따라 할 수 있는 복식호흡 훈련

1. 어깨를 내려 자세를 바르게 하고 양손을 배에 둔다.

   (일어서는 것도, 앉아 있는 것도 OK)

2. 5초간 코로 숨을 마시고 3초간 숨을 참는다.

3. 취~ 소리를 내며 10초간 숨을 내뱉는다.

   배가 납작하게 들어갈 때까지 천천히 내쉰다.

호흡에 대한 Q&A

Q: 평소 말을 할 때 어떻게 복식호흡을 해야 할지 모르겠어요. 의식하고 말을 하면 어색합니다.

A: 당연히 그런 느낌을 받을 수 있습니다. 평상시 말할 때 자연스러운 호흡 속도에 따라 저절로 숨을 들이마시고 뱉게 됩니다. 복식호흡은 평소 좋은 말소리를 내는 데 필요한 체력을 기르는 것입니다. 틈틈이 복식호흡을 연습하되, 실제 말할 때는 복식호흡을 의식하지 않아도 됩니다. 말하는 내용 중 강조하고 싶은 단어만 살짝 배에 힘을 주는 정도로 소리를 내보세요.

05

말투에도
리듬이 필요하다

생기 있는 목소리의 비밀

첫음절을 살리는 말투로 지루하지 않게

"제 말투가 지루한가 봐요. 너무 조용하고 편안한 말투보다
좀 더 밝고 명료한 목소리로 말하고 싶어요. 요즘 비대면 수업
이 늘어나 온라인 강의를 많이 찍는데, 제 목소리는 제가 들어
도 졸리더라고요."

얼마 전 사이드 프로젝트로 스피치 훈련을 위한 스터디 모
임을 열었다. 지루한 말투를 고치고 싶다는, 한 참여자의 고민

에 여러 사람이 공감했다. 기내 방송 수업에서도 흔히 만날 수 있는 고민이다. "교관님, 제 방송에 항상 무미건조하다는 코멘트가 달려요. 저는 의식적으로 밝게 웃으며 방송하는데, 표정에 잘 드러나지 않나 봐요. 어떻게 해야 할까요?"

앞서 언급했던 것처럼 목소리도 표정에 영향을 받기 때문에 미간을 활짝 펴고 미소를 담아 말하는 습관을 들이면 좋다. 그런데도 생각만큼 생기 있는 음색이 나오지 않을 때는 첫음절을 살려보자. 예를 들면 "안녕하십니까"라는 말을 할 때 모든 음절에 힘을 싣는 게 아니라, 첫음절에 집중해 "안녕하십니까"라고 말하는 것이다. 첫음절의 파장이 뒤따라오는 음절에도 에너지를 주어 생기 있는 말투를 만들어준다.

말에 리듬이 생기면 훨씬 활기차게 들리며 상대에게 또렷하게 꽂히는 효과가 있다. 단어에 강세만 효과적으로 줘도 명확한 전달이 가능하다. 특히 강조하고 싶은 단어에서는 호흡을 조절하며 악센트를 줘보자. 잔잔하고 지루한 말투도 눈에 띄는 변화를 만들 수 있다. 중요한 발표, 보고 등을 앞두고 있다면 꼭 활용해보자.

무미건조한 말투 때문에 고민이던 승무원은 자다 일어나도 문장이 입에 맴돌 만큼 수없이 연습했다. 첫음절에 힘주어 연습한 덕분에 전달력이 좋아지고 긍정적인 피드백도 받을 수 있었다. 자신감을 갖게 된 그녀는 지금도 첫음절의 힘을 기억하며 방송한다.

지루한 말투가 고민이던 스터디 멤버도 첫음절 코치를 받은 후 문장 낭독 연습을 했다. 불과 몇 문장만 낭독했을 뿐인데도 효과가 금세 나타났다. 꾸준한 연습이 쌓이면 습관이 된다. 말투는 타고나는 게 아니라 만들어지는 것이다.

물 마시는 습관은 언제나 옳다

소리를 내는 과정에서 성대가 진동하는데, 떨림이 매끄럽게 이어지기 위해서는 윤활유가 필요하다. 훌륭한 윤활유로 꼽을 수 있는 게 바로 물이다. 생기 있는 목소리를 만드는 데 물은 최고의 보약이다.

전문가들은 "성대는 피부가 아니라 점막이기 때문에 말을 많이 하거나 건조한 환경에서는 점액질이 끈적끈적해지면서 목소리가 갈라지거나 탁해진다"라며 "물을 자주 마셔 일정한 성대 습도를 유지하는 게 좋은 목소리를 만드는 훌륭한 습관"이라고 강조한다.

건조한 환경에 성대는 매우 민감하게 반응하는 기관이다. 물을 많이 마시면 건강하다는 말은 우리의 성대를 위해서도 잊지 말아야 하는 조언이다. 한번은 목감기가 심하게 걸린 상태에서 기내 방송을 하려는데 목소리가 제대로 나오지 않았던

적이 있다. 간신히 방송을 마치긴 했지만 여간 민망한 일이 아닐 수 없었다. 방송을 들은 승객들 역시 쇳소리 가득한, 잘 들리지도 않는 소리를 듣기가 매우 불편했으리라. 그날 이후 물마시는 일은 내가 가장 열심히 유지하고 있는 습관 중 하나다.

건강한 목소리를 유지하는 방법

1. 하루 4잔 이상 미지근한 물을 마신다. 8잔 정도가 가장 좋으나, 마시지 못하는 경우 최소한 4잔은 마신다. 한 컵의 기준은 150~200cc 정도이다.

2. 입을 벌리지 않고 코로 숨 쉰다. 코로 숨을 깊게 들이마시면 복식호흡이 자연스러워진다. 입을 열고 호흡하면 성대에 바로 공기가 들어가 목이 금방 건조해진다.

3. 습관적으로 목을 가다듬거나 헛기침을 하지 않는다. 헛기침은 성대에 상처를 내는 좋지 않은 습관이다.

06

발성은 완성하는 게 아니라
유지하는 것이다

**꾸준히 하면 좋은
발성 연습 4가지**

소리에 에너지를 담으면 달라진다

"저는 소리를 먹는다는 말을 참 많이 들어요. 일할 때도 제 말을 한 번에 못 알아들어서 여러 번 얘기해야 하는데, 정말 지쳤어요…."

작고 우물거리는 듯한 목소리에 불만이 많았던 A는 거의 울먹이듯 고민을 토로했다. A의 고민을 해결하는 방법은 발성을 키우는 것이다. 발성이란 들이마신 공기를 다시 뱉는 과정에

138

서 성대를 진동시켜 소리 내는 것을 말한다. 그렇다면 소리 내는 공간이 작은 게 좋을까, 큰 게 좋을까? 당연히 공간의 크기가 커야 울림도 커진다. A와 비슷한 고민을 하는 사람들은 입을 충분히 벌리지 않고 말하는 경향이 있다. 그러면 목 안쪽도 닫힌 상태가 된다. 소리가 울릴 공간이 부족해지니 작고 답답한 소리, 웅얼거리고 납작한 소리가 나온다. 에너지 있는 목소리는 입안의 '동굴'을 잘 활용하면 낼 수 있다.

전달력 있는 목소리를 위해 입을 크게 벌려 입속을 크게 하는 것이 발성의 키포인트다.

우선 "하~ 아~" 하고 하품하듯 소리를 낸다. 손거울을 보면서 해보자. 혀뿌리를 아래로 최대한 내려 "하~ 아~" 둥글게 소리를 내면, 입 안쪽에 목젖과 하트 모양 동굴이 보인다. 둥글게 내려오는 부분을 뻐근할 정도로 크게 활짝 연다. 발성을 5초간, 5번 반복하면서 조금씩 넓게 열다가 마지막에 활짝 열어주자.

입안을 충분히 열어 공간을 확보하며 목소리를 내는데 이때 소리가 성대를 납작하게 누르면서 나오는 게 아니라, 호흡 위에 얹어서 나온다고 상상한다.

발성 연습 1

코로 숨을 마신다. 아랫배가 볼록해지며 쑥 올라온 공기가 성대를 통과하여 입안에서 둥글게 울리면서 앞으로 시원하게 뻗어간다고 생각하고 길게 발성한다. 멀리 가상의 점 하나를 찍고, 점을 향해 소리를 낸다고 생각하면서 연습해보자.

입을 크게 벌려 혀뿌리를 내리고 목 아치를 둥글게 유지하며 소리 낸다.

안개 낀 항구: (코로 숨 마시고 입을 크게 벌리며) 아안개 낀 하앙구우

하마의 하품: (코로 숨 마시고 입을 크게 벌리며) 하아마아의 하아푸움

하와이의 야자나무: (코로 숨 마시고 입을 크게 벌리며) 하아와아이의 야아자아나아무우

앞서 작고 답답한 목소리로 스트레스를 받았던 A는 아치를 확장하는 발성 연습과 방송문 낭독 훈련을 지속한 끝에, 드디어 원하는 기내 방송 급수를 취득했다. 소극적이고 힘없는 목소리로 인해 업무 능력을 제대로 평가받지 못했는데, 목소리에 에너지를 담는 훈련을 하면서 업무에서도 좋은 피드백을 받기 시작했다.

발성 연습 2

모음 자음	ㅏ	ㅑ	ㅓ	ㅕ	ㅗ	ㅛ	ㅜ	ㅠ	ㅡ	ㅣ
ㄱ	가	갸	거	겨	고	교	구	규	그	기
ㄴ	나	냐	너	녀	노	뇨	누	뉴	느	니
ㄷ	다	댜	더	뎌	도	됴	두	듀	드	디
ㄹ	라	랴	러	려	로	료	루	류	르	리
ㅁ	마	먀	머	며	모	묘	무	뮤	므	미
ㅂ	바	뱌	버	벼	보	뵤	부	뷰	브	비
ㅅ	사	샤	서	셔	소	쇼	수	슈	스	시
ㅇ	아	야	어	여	오	요	우	유	으	이
ㅈ	자	쟈	저	져	조	죠	주	쥬	즈	지
ㅊ	차	챠	처	쳐	초	쵸	추	츄	츠	치
ㅋ	카	캬	커	켜	코	쿄	쿠	큐	크	키
ㅌ	타	탸	터	텨	토	툐	투	튜	트	티
ㅍ	파	퍄	퍼	펴	포	표	푸	퓨	프	피
ㅎ	하	햐	허	혀	호	효	후	휴	흐	히

양손을 아랫배에 가볍게 올리고 코로 숨을 마신다. 배가 볼록한 상태에서 배를 강하게 수축시키면서

가! 갸! 거! 겨! 고! 교! 구! 규! 그! 기!

한 호흡에 한 음절씩 빠르게 내뱉어 아랫배가 쑥쑥 들어가도록 스타카토로 연습하는 것이 포인트다.

다시 코로 숨 마시고,

나! 냐! 너! 녀! 노! 뇨! 누! 뉴! 느! 니!

하행까지 진행한다.

발성 연습 3

위의 표로 발성 연습 2처럼 스타카토 연습도 할 수 있고, 긴 호흡을 만들기 위한 연습도 할 수 있다. 코로 숨을 마셔 배가 볼록한 상태에서,

가아가아거어겨어고오교오구우규우그으기이~

한 호흡에 '가부터 기까지' 음절을 쭉 붙여 연습한다. 한 줄이 끝나면 다음 행도 호흡 붙여 연습하면서 하행까지 진행한다. 코로 숨을 들이마실 때는 배가 나오고, 소리를 낼 때는 배가 들어가야 한다.

처음 시도하면 어지럽거나 땀이 날 수 있다. 당연하다. 호흡을 조절하며 제대로 발성하는 데도 많은 에너지가 쓰인다. 힘이 들수록 좋은 목소리, 에너지가 담긴 목소리를 만들 수 있으니 인내심을 갖도록 하자.

예전에 배우 김명민에 관한 기사를 읽은 적이 있다. 발성, 발음 훈련법에 관한 내용이었는데, 무척 인상적이었다. 김명민은 목소리만 듣고도 누군지 알 수 있는 몇 안 되는 배우 중 하나다. 성우, 아나운서 못지않은 발성과 발음으로 2004년 KBS 바른 언어상까지 받았다. 그렇게 되기까지 수십 년간 꾸준한 노력이 있었다. 좋은 목소리를 타고났다고 해서 발성이나 발음까지 좋을 수 없다고 믿는 그는, '매일 연습하지 않으면 입도 굳기 마련'이라며 하루도 빼놓지 않고 연습했다. 좋은 발성은 한 번에 '완성'되는 게 아니라 꾸준함 속에서 '유지'된다.

07

목소리로 상대의 마음을
터치한다

울림과 명료함의 조화

긍정적인 인상을 주는 공명음

사전에서 '공명'이라는 단어를 찾아보면, '진동하는 진폭이 급격하게 늘어남, 물체의 진동이 커지는 현상'이라고 나와 있다. 일반적인 스피치 강의에서는 '얼굴에 있는 뼈의 빈 공간에 진동을 주며 그 공간에서 소리를 증폭시킨다'라고 설명한다. '증폭'이라는 단어가 공명의 핵심이다. 고음 또는 저음을 낼 때 더 멀리, 더 확실하게 울려 퍼질 수 있는 소리라고 생각하면 공명 있는 목소리가 무엇인지 감을 잡기 수월할 것이다.

들이마신 공기를 내뿜을 때 음성이 얹어진 상태를 발성이라고 한다. 발성할 때 성대를 거쳐 확장된 목의 아치를 지나 입안의 공간을 통해 소리가 커진다. 공명은 발성이 키운 소리를 얼굴의 인중과 윗입술 근처로 모아 내는 것을 말한다. 이렇게 하면 소리가 앞으로 모아져 울림이 더 커지고 또렷한 소리를 낼 수 있다. 공명이 느껴지는 목소리는 발성을 통한 울림과 인중 쪽으로 모아주는 명료함의 컬래버레이션이라고 말하고 싶다. 명료함 없이 울림만 있으면 무슨 뜻인지 명확히 알아듣기 힘들고, 울림 없이 뾰족한 소리는 친근하고 다감한 표현을 하기 어렵다. 두 가지가 잘 조화된 공명감 있는 목소리는 신뢰감 있고, 매력적으로 느껴진다. 전문성 있게 보일 뿐만 아니라 뭔가를 설득하거나 제안할 때도 상대의 마음을 좀 더 수월하게 터치할 수 있다.

공명음을 만드는 기관을 유전적으로 타고나는 사람들도 있다. 하지만 태생적으로 타고나지 않았더라도 내가 가지고 있는 공명의 울림통을 최대한 활용해 목소리를 내려고 노력해보자.

올바른 발성과 명료한 소리

A 씨는 답답한 목소리에 불만이 많았다. 평상시 회사에서도 코맹맹이 소리 때문에 자신감이 떨어져 말을 길게 하지 못하고 짧게 끝내기 일쑤였다. 비염이나 축농증이 있으면 코 막힌

소리가 난다. 이런 질환이 없다면 발성법을 바꿔 맑고 시원한 목소리로 충분히 개선할 수 있다. 'ㅁ, ㄴ, ㅇ, ㄹ'과 같이 코를 울려서 내는 소리는 코를 잘 울려 내주면 아름답고 좋은 소리가 되지만, 이외의 발음에서도 공기가 코로 나오는 발성을 한다면 답답하고 막힌 인상을 준다.

반면 B 씨는 친절한 느낌을 주는 좋은 목소리를 가지고 있었다. 하지만 말을 할 때 주목성이 떨어지고 금방 지치는 게 고민이었다. 그녀는 소리가 뻗어나갈 때 입안의 울림을 충분히 활용하지 못했다.

두 사람 모두 올바른 발성과 소리를 명료하게 모으는 훈련이 필요했다. 입안은 우리 몸에서 최고의 울림 공간이다. 들이마신 숨이 성대를 지나며, 입안으로 소리가 올라왔을 때 입안의 공간을 충분히 울려주고 입술과 인중 주변으로 소리를 모은다. 목소리가 흩어지거나 퍼지지 않게 소리의 '동글동글한' 에너지를 앞쪽으로 모아 포물선을 던지듯 내뿜는 게 포인트이다. 소리를 공이라고 상상하면 훨씬 효과가 좋다. 공 던질 때 어깨와 팔, 손을 뒤로 보냈다가 앞쪽으로 펼치며 던지듯, 얼굴 가운데 윗입술과 인중 근처로 모아 던지는 것처럼 소리를 낸다.

입안의 진동을 잘 느끼는 게 핵심이다. 목소리가 흩어지거나 퍼지지 않게 소리를 모아 울림을 느껴보자.

🗨 공명 느껴보기

1. 커다란 사탕을 입에 하나 물고 있다고 상상한다.
2. 입을 "아~" 벌렸다가 "음~" 하고 닫아보자. (입안에 동그란 공간이 생긴다.)
3. "음~" 하고 허밍하면 공기가 윗입술과 인중에서 부드럽게 진동한다. 손가락 끝으로 진동을 체크하면 더 세심하게 느낄 수 있다.

    음~ (5초)

    음음음~ (5초)

    음음음~ 음~ 마~ (7초)

🗨 공명음 만들기

소리 원료가 호흡이기 때문에 좋은 울림을 만들려면 호흡이 충분해야 한다. 일단 호흡을 마신다. 어깨만 올라가는 것이 아니라 몸 안쪽까지 깊게 호흡이 들어가야 한다. 배, 옆구리가 조금 나온다. 몸이라는 악기에 호흡을 채우는 것처럼 몸이 확장되는 걸 느껴보자.

1. 입 안쪽을 둥글고 넓은 공간으로 만든다. 숨을 마신 후에 호흡이 나오면서 소리가 된다. 그냥 바람 새듯 나가지 않고, 입 안쪽을 둥근 공간으로 만든 후에 "멈멈멈멈멈~" 하고 소리 낸다. 혀뿌리부터 광대 위쪽까지 울림 공간을 사용한다.

2. 풍선을 부는 것처럼 "우~" 하면 입 안쪽에 동굴 울림을 만들 수 있는 공간
  이 생긴다. 볼을 빵빵하게 만들었다면 "우우우우우~" 소리 낸다.

후후후 바람 빠지는 소리가 나면 울림이 만들어지기 어렵다. 가성비 높은 소
리가 되도록 바람은 덜 내보내고 입 안쪽에서 울림으로 바뀔 수 있게 해본다.
이렇게 해도 잘 안 느껴진다면, 허밍음을 너무 높게 잡은 것은 아닌지 확인해
본다. 편안하게 공명을 잘 느끼는 상태가 나만의 매력적인 톤이다. 공명음을
제대로 느꼈다면 좋아하는 문구나 글귀를 낭독해보자.

08

건강하고 근사한
나만의 '키톤'을 찾아라

이미지를 결정짓는
키톤

자세가 좋아야 소리도 좋다

바른 자세는 올바른 발성의 기본이다. 자세가 바르지 않은데 좋은 목소리를 내기는 쉽지 않다. 턱이 들리고 허리가 말린, 일명 '거북목' 상태에서 "아~" 소리를 내보자. 그다음 반대로 턱을 아래로 살짝 당기고 허리를 펴면서 "아~" 소리를 내보면 신기하게도 소리가 달라짐을 느낄 수 있다. 자세가 호흡, 성대 등의 음성 기관에 직접적인 영향을 미치기 때문이다. 거북목 증세가 있는 사람은 음성이 얇다. 반면 턱을 아래로 당기면서 소리를 내면 납작 눌린 소리가 난다.

목, 어깨, 척추를 가지런히 하면 소리를 내는 통로가 곧게 펴지면서 소리를 내는 근육이 호흡과 발성에 효율적으로 쓰인다.

목소리 살리는 좋은 자세 셀프 체크리스트

자연스럽게 하나씩 체크하며 자세를 바로잡아보자.

1. 턱을 가볍게 당긴다.

2. 허리는 곧게 편다.

3. 가슴은 펴고 양쪽 어깨를 내린다.

4. 복부에 적당히 힘을 주어 당긴다.

비행 중 인상에 남을 정도로 근사한 음성을 가진 남자 매니저가 있어 비결을 물었다.

"저는 일어서서 방송할 때 반응이 좋더라고요. 자리에 앉아 허리는 구부정하고, 어깨가 움츠러든 상태로 말하는 것보다 자세를 곧게 펴고 서서 방송하니 더 시원하게 목소리가 나오나 봐요."

바른 자세는 신체적으로 건강한 몸을 만들 뿐만 아니라 건강하고 활기찬 목소리를 내는 비결이다.

나만의 명품 키톤 찾기

자신의 고유한 목소리 '키톤'을 찾을 때도 소리 내는 부위를 살펴보면 알 수 있다.

첫 번째, 갈비뼈에서 Y 모양으로 갈라지는 중심 지점, '명치'를 검지와 중지로 살살 눌러보며 소리를 낸다. 명치 뒷부분에 횡격막이 있다. 그곳에 울림이 있으면 키톤을 찾는 데 유리하다. 잘 느껴지지 않으면 명치 부분과 다른 부분을 눌러보며 울림이 있는지 확인한다. 다른 곳보다 명치를 눌렀을 때 울림을 더 느낄 수 있다.

두 번째, 성대(침을 꼴깍 삼켰을 때 목에서 움직이는 부위)에 검지, 중지를 대고 소리 내며 울림 정도를 확인한다. 음을 높였다 낮추었다 하며 어느 음역에서 성대 울림이 제일 많은지 찾아보자.

세 번째, 공명음을 만들 때처럼 인중과 윗입술로 소리를 모아 '입 주변' 울림을 살핀다. 명치, 성대, 입술 주변에 울림이 느껴진다면 가장 편안하고 듣기 좋은 음색이다. 자연스러운 목소리를 내는 방법을 조금만 알고 실천해도 훨씬 편안하고 좋은 음성을 낼 수 있다.

09

왜 내 말을
못 알아듣는 걸까

**요점을 제대로 전달하는
말하기**

발음이 핵심이다

"제가 말을 하면 항상 못 알아듣고 다시 말해 달라는 요청을 많이 받아요. 처음 한두 번은 다시 말하지만, 힘도 들고 스트레스받아서 아예 말을 안 해버려요. 발음 습관이 어려서부터 있던 거라 고치려 해도 별로 나아지는 것 같지 않아요. 제가 가고 싶은 학과는 대입에서 면접을 봐야 하는데, 고민이에요."

발음은 의사전달의 핵심이다. 발음을 얼버무리면 내용이 제대로 전달되지 않는다. 중요한 면접이나 보고처럼 공들여 준비한 내용을 전달할 때는 또렷하고 정확해야 한다. 정확한 발음은 듣는 사람의 몰입도를 높일 수 있다. 내 말을 경청할 확률도 높아진다. 반대로 부정확한 발음은 내용을 이해하기 위해 상당한 노력을 기울여야 하고 집중력도 쉽게 떨어진다.

발음은 이미지에 많은 영향을 준다

통계에 따르면 발음을 정확하게 구사하는 사람은 실제 그의 학력이나 지적 수준과는 무관하게 지적이며 똑 부러지는 인상을 준다고 한다. 한 사람의 이미지를 결정하는 데도 정확한 발음은 중요하다. 심지어 발음이 명확하지 않고 웅얼거리는 사람은 성의 없어 보이기까지 한다. 부정적인 이미지가 생기면 면접관, 상사, 동료는 내 말을 신뢰하기 어렵다.

신뢰 가는 이미지로 변신하기 위한 발음 팁을 알아보도록 하자. 첫째, 입 모양을 정확하게 한다. 모음 발음은 입 모양에 영향을 많이 받는다. 입술 모양을 부지런하게 움직이면서 정성껏 발음해야 한다. 입술 모양을 부지런히 바꾸며 각 고유의 모음 소리를 표현해보자. 입 모양만 정확하게 만들어도 전체적인 발음이 단정하게 느껴진다. 특히 발음 훈련을 할 때, 모음 발음만 따로 떼어내 연습하는 것이 효과가 좋다. '안녕하세요.

반갑습니다'라는 말을 할 때, '아, 여, 아, 에, 요. 아, 아, 으, 이, 아'로 모음을 분리해 확실하게 입 모양을 잡아준 후 자음 발음을 더하면 발음이 한결 깨끗하게 들린다. 조사 '의'는 [ㅔ]로 발음할 수 있다. [ㅢ]로 발음해도 되지만, [ㅔ]로 발음하는 것이 더 자연스럽게 들린다. 사투리 억양이 있는 사람은 [ㅡ]로 발음하지 않도록 주의하자. 이중모음도 입 모양에 변화가 있는 소리이니 주의해서 발음한다.

둘째, 받침 발음에 신경 쓴다. 모음에서 깔끔한 시작을 했다면 마무리 받침을 잘 챙겨서 발음하자. 받침 발음까지 확실하게 마무리하면 정확도가 한층 올라간다. 한글에서 소리 나는 받침 발음은 'ㄱ, ㄴ, ㄷ, ㄹ, ㅁ, ㅂ, ㅇ'이다. 7개의 받침 발음만 챙겨서 말해도 좋은 발음을 만들 수 있다.

지적인 목소리의 공통점은 'ㄴ' 받침이 매우 정확하다는 것이다. 'ㄴ' 발음은 혀 끝부분이 앞니 바로 위 딱딱한 잇몸에 닿아야만 제대로 처리할 수 있다. 혀를 붙이지 않으면 'ㄴ'이 'ㅇ'으로 소리 난다. 'ㅁ' 받침은 윗입술과 아랫입술이 만났다 떨어지는 소리임을 기억하고 소리 내면 정확히 발음할 수 있다. 받침만 흘리지 않고 제대로 발음해도 지적인 분위기를 만들 수 있다.

셋째, 자음 소리가 나는 혀의 위치를 잡는다. 자음 소리를 연습할 때 기억하기 쉬워 자주 사용하는 문장이 있다. '바다사자가 하물놀이'. 천천히 음을 내며 ㅂ, ㄷ, ㅅ, ㅈ, ㄱ, ㅎ, ㅁ, ㄹ, ㄴ, ㄹ, ㅇ 혀의 위치를 느껴보자.

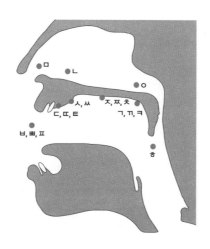

부정확한 발음 때문에 고민이라던 고3 소녀에게 다음과 같은 해결책을 주었다. 자기 발음이 상대방에게 또렷하게 전달되는지 확인하고 피드백을 받는다. 매일 아침, 짧은 분량이라도 신문에서 흥미로운 기사를 찾아 최소 5번 읽어본다. 입 모양과 혀를 움직여 소리 내는 연습을 부지런히 할수록 정확한 소리를 낼 수 있다. 면접까지 한 달 반 동안 그녀는 아침저녁 낭독 연습, 발음 연습을 열심히 했고 결국 원하는 대학의 학과

에 합격했다. 귀찮음을 극복하고 연습하는 것이 결국 원하는
결과를 만들어낸다.

10

목소리 컨디션은
어떻게 관리해야 할까?

**목소리 관리가 필요한
이들을 위한 4가지 꿀팁**

발음, 발성도 컨디션 관리가 필요하다

나를 비롯해 수많은 승무원과 스터디 멤버들의 검증을 거친, 확실한 노하우를 소개하겠다. 목소리 관리가 필요한 사람에게 도움이 될 것이다.

1. 워밍업: 보기 흉할 정도로 열심히

강의나 녹음, 방송하기 전 의식적으로 하는 것이 있다. 바로 얼굴 근육 운동. 꽤 흉한 모습이라 다른 사람 앞에서는 잘 하지 않는다. 발음을 위해서는 입술, 혀, 턱의 유연성이 무척이나 중요하다. 잠에서 깨어나면 바로 몸이 움직여지지 않는 것처럼 조음기관 역시 마찬가지다. 워밍업을 통해 잠자는 조음기관의 근육을 천천히 깨운다. 준비운동을 하지 않고 강의하면 발음이 어눌하거나 새는 부분이 생겨 자신감까지 훅 떨어진다. 워밍업을 사소하게 생각하고 간과했다가, 큰 불편함을 겪었던 적이 있기 때문에 이 과정을 절대 소홀히 하지 않는다.

면접이나 중요한 프레젠테이션, 회의에 앞서 조음기관을 꼭 스트레칭해보자. 턱, 입술, 혀가 유연해지고 더불어 자신감까지 상승한다.

1) 건조한 입술을 촉촉하게 만든다. 입과 입술 변화가 크기 때문에 건조한 상태라면 입술이 찢어지는 듯한 불편함을 느낄 수 있으니 보습제를 발라 입술을 촉촉하게 만들자.

2) 혀 움직임의 활동 범위를 넓힌다. 천천히 입을 크게 벌리면서 아~ 소리를 낸다. 턱을 더 내리고 아랫입술의 팽창감을 느끼면서 애~, 윗입술 아랫입술을 가로로 더 늘리면서 이~, 팽창시켰던 입술을 확 오므리면서 오~, 입술을 뾰족하게 앞으로 내밀면서 우~.

처음 시작할 때는 근육이 놀랄 수 있다. 중간중간 턱에 손가락을 대어 뻐근함을 살살 풀어주며 3회 정도 진행한다. 익숙해졌다 싶으면 전보다는 조금 속도감 있게 3회

소리 낸다.

3) 입술을 턴다. 두 입술에 힘을 빼고 푸르르르 공기를 내보낸다. 처음에는 어려울 수 있다. 입술에 힘 빼고, 공기를 '후~' 내뱉듯이 입술까지 가져온다. 그래도 어렵다면 양손으로 양쪽 입술 끝을 잡고 시도해보자. 성공했다면 다시 손을 놓고 시도해보자.

4) 혀 힘을 기른다. 혀를 길게 내밀어 5초간 유지한다. 다시 접었다 내밀기를 반복한다. 혀 힘은 명품 발음의 마스터키이다.

5) 혀로 입안 구석구석 위쪽, 양쪽 어금니 뒤쪽까지 핥는다. 혀뿌리가 뻐근할 정도로 충분히 움직이자.

5가지 방법을 번갈아 연습하며 5분 정도 지속해 조음기관을 충분히 푼다. 생소한 근육 움직임과 침샘 자극으로 처음에는 불편할 수 있다. 하지만 한층 유연해진 조음기관 근육이 내 발음에 날개를 달아줄 테니 꼭 시도해보자.

2. 성대 보호법

1) 혀를 뻐근할 정도로 양쪽으로 굴린다. 목이 무리했거나 아플 때는 억지로 소리 내기보다 입안에서 혀를 양쪽으로 굴리면 목 풀기에 매우 도움이 된다.

2) 성대 주변 목 근육을 살살 푼다. 먼저 얼굴을 오른쪽으로 돌렸을 때 왼쪽 턱과 목 성대 사이에 사선으로 드러나는 목 근육을 잡고 살살 푼다. 말을 할 때는 성대뿐만 아니라 성대 주변의 목 근육을 전체적으로 사용한다. 성대 주변 근육을 이완하면 목소리를 낼 때 경직되지 않고 부드럽게 낼 수 있다.

3) 허밍으로 성대를 부드럽게 마사지한다. 목도 덜 아프고, 배, 성대, 입 주변을 동시에 울리며 소리 낼 수 있어 전달력도 좋아진다. 허밍으로 동요 '학교종'을 부른다. 허밍 음을 높은 음으로 울리지 말고 평소보다 낮은 음역대로 잡는다. 안정된 목소리 톤을 내는 데도 도움이 된다.

3. 크레시아 연습법

전달력이 생명인 '연극배우의 발음 연습법'으로 불린다. 입 근육을 깨우는 효과적인 조음 단련 훈련법이다. 발음하기 어려운 낯선 단어로 입술 근육을 단련한다. 입을 크게 벌려 정확하게 발음하며 음절을 붙여 부드럽게 붙여 읽는다. 천천히 한 음절씩 읽으며 입술 주변 근육을 깨운 다음 익숙해지면 빠르게 붙여 소리 낸다.

우미날 리우 믈라도이

캐플랫 터피 큐필롯 퍼포

락셀 페달 룩셀 포댈

맬살라 캐잇 토 무솔래 크악투

에이브러햄 야여밸리험 판초빌라 팬츄블러

4. 쇄골 아래 종 체크법

쇄골 아래에 종이 있다고 생각하고 손가락으로 쇄골 아래에 울림이 있는지 확인한다. "아~아~아~" 소리를 냈을 때 손가락을 통해 진동이 느껴지면 소리를 잘 내고 있는 것이다. 울림이 느껴지지 않는다면 배에서 에너지를 보낸다고 생각하고, 소리를 뱉는다. 울림을 좀 더 느낄 수 있다. 어느 유명 쇼호스트의 발성법에서 아이디어를 얻은 것인데, 직접 해보니 효과가 좋았다. 승무원 교육 시에도 이 방법을 적용해보니 안정된 소리를 내는 데 도움이 된다는 피드백을 받았다. 내가 소리를 잘 내고 있는지 궁금하다면 시도해보기 바란다.

PART 4

비대면 시대에 살아남는 말투와 목소리

01

사람들 앞에서 말을 잘하고 싶다면

퍼스널 브랜딩의 필수

누구나 브랜드가 되는 시대

'대한민국 5천만이 인플루언서'라는 우스갯소리가 있다. 누구나 마음만 먹으면 자기 채널을 만들고 콘텐츠를 송출할 수 있다. 의사, 변호사, 세무사, IT 사업가, 금융 애널리스트, 부동산 관계자 등 온갖 전문가가 콘텐츠를 통해 스스로를 브랜딩한다. 개인이 가지고 있는 전문성뿐만 아니라 라이프스타일, 취향이나 안목까지 브랜딩의 기반이 된다. 그야말로 '퍼스널 브랜딩' 시대다.

개인적으로 최근 부동산 재테크 분야에 관심이 생겨 한 재테크 유튜버의 콘텐츠를 찾아보았다. 좋은 정보가 많아 즐겨 보기 시작했는데, 자주 듣다 보니 전달력이 떨어지는 말투와 발음 때문에 오래 시청하기 어려웠다. 발음과 발성을 조금만 고치면 좋을 텐데 하는 아쉬움이 들었다. 한참 뒤에 다시 채널을 찾아보니 전달력이 눈에 띄게 좋아졌음을 알 수 있었다. 발음도 깨끗하고 말하는 속도도 적당했다. 어색했던 표정이나 몸짓도 편안해졌다. 무엇보다 자연스러운 태도에서 자신감이 묻어났다.

훌륭한 말하기는 자기 자신에 대한 확신과 믿음에서 시작한다. 나 역시 강의를 시작하기 전, 강의 내용을 떠올려보며 내용을 점검하는 동시에 자기 암시를 한다. '최선을 다해 준비한 내용이니 쓸데없이 긴장하지 말자'라고. 그리고 여유 있고 당당한 미소를 짓는다.

전 세계적으로 유명한, 변화 심리학의 최고 권위자 토니 로빈스^{Tony Robbins}는 한 강의에서 이렇게 말했다. "사람들 앞에서 말할 때 너무 떨리고 긴장된다면, 당당히 어깨를 펴고 양손을 허리에 올리세요. 슈퍼맨처럼요. 그러고는 숨을 깊게 쉬세요. 딱 2분만요!" 이 행동을 취하는 것만으로도 2분 안에 남자든, 여자든 테스토스테론이 20% 증가하고, 스트레스 호르몬 코르

티솔은 22% 감소한다고 한다. 두려움 때문에 하지 못했던 새로운 도전을 할 가능성도 33%나 증가한다. 자신만만하게 보이는 '슈퍼맨' 자세만 취해도 두려움을 없앨 수 있다.

이 외에도 사람들 앞에서 말할 때 긴장하고 얼어붙는 사람을 위한 특효약이 있다.

첫 번째, 말하고자 하는 핵심적인 단어에 강세를 두는 동시에 속도를 늦춘다. 중요한 단어에 강세를 두며 천천히 말하면 주목도가 더욱 올라간다.

두 번째, 한 문장을 끝내면 숫자를 센 다음 문장으로 넘어간다. 말할 때 긴장하면 속도 조절이 안 되는 경우가 많다. 호흡이 불안해지면 긴장감은 더 커진다. 이럴 때는 문장을 끝낸 다음 1, 2, 3을 세면서 호흡을 고른다.

사람들 앞에서 말을 잘하고 싶다면 위 방법을 실천해보자. 우리 모두가 달변가나 연설가가 될 필요는 없다. 자신의 톤과 속도를 유지하며 차분하고 자연스럽게 전달하면 된다.

02

아직도
자기소개가 어색해

제2의 명함,
말투와 목소리

자기소개는 퍼스널 브랜딩이다

"아… 네. 안녕하세요. 저는 ○○에서 ○○ 일을 하는 아무개입니다. 만나서 반갑습니다. 음… 일단 이 자리에서 여러분들을 만나게 돼서 정말 반갑고요. 아유 참, 이렇게 직접 뵈니까 너무 반갑고 좋네요…."

안타깝게도 반갑다는 말만 반복하다 끝나버렸다. 어려운 것도 없는 내용인데, 심장이 쿵쾅거리고 머릿속은 하얘진다.

도대체 자기소개는 왜 이렇게 어려운 것일까. 자기소개는 단순히 자신을 소개하는 걸 넘어, 상대와 호감을 주고받는 일종의 의례다. 누구든 좋은 이미지를 남기고 싶어 한다. 상대에게 잘 보이고 싶은 마음이 클수록 자기소개가 부담스러울 수밖에 없다. 간혹 잘 보이고 싶은 마음이 앞서 과한 수식어를 동원하거나 너무 긴 시간 동안 말을 이어가는 사람도 있다. 채용 담당자 앞에서 말하는 게 아닌 이상, 자기소개는 간결하게 끝내는 게 좋다. 적절한 센스까지 겸비한다면 금상첨화다.

자기소개를 해야 하는 상황을 대비해 미리 준비해두는 건 어떨까. 자기소개를 준비할 때 참고하면 좋을 팁을 소개한다.

첫 번째, 내용은 길지 않아야 한다. 1분에서 1분 30초 정도 생각하고 말하면 좋다. 면접용 자기소개처럼 스펙이나 이력을 나열하지 말고, 자신이 좋아하는 것, 나를 잘 표현하는 것에 대해 이야기한다.

두 번째, 모임의 성격에 맞게 이야기를 구성한다. 업무의 연장선에 있는 모임에서는, "대기업 팀장입니다", "외국계 기업 마케팅 부장입니다" 같은 직업적 경력이나 위치에 대해 말하는 게 괜찮겠지만 가벼운 독서, 글쓰기 모임 등에서는 과할 수 있다.

세 번째, 긍정적인 내용을 넣는다. 자기소개는 아주 작은 규모의 '퍼스널 브랜딩'이다. 좋은 인상을 남기기 위해서는 호감도를 상승시키는 말을 사용하는 것이 도움이 된다. 인간의 뇌는 긍정적인 말과 행동에 호감을 느낀다. 내가 사용하는 긍정적인 말은 나에게도 긍정적인 기운을 가져다준다.

다음은 위 3가지를 참고하여 완성한 자기소개로 가벼운 취미 모임에 적당한 내용이다.

"안녕하세요. 저는 이규희입니다. 회사에서 서비스 업무 커리큘럼을 제작하고 가르치는 일을 7년간 하고 있습니다. 특히 사람들과의 인연을 소중하게 생각하고 함께 성장하는 과정에서 보람을 느낍니다. 공동의 목표를 갖고 좋은 피드백을 주고받다 보면 목표한 바를 달성할 확률도 높아진다고 생각합니다. 그 과정에 얻은 인사이트를 많은 분과 나누고 싶습니다. 이 모임도 그런 기대로 함께하게 되었습니다. 저는 '끌어당김의 법칙'을 믿는 사람입니다. 오늘 제가 가장 잘한 일은 여러분을 만난 일입니다. 앞으로도 좋은 인연으로 이어져 함께 성장해 갔으면 좋겠습니다. 만나서 정말 기쁩니다. 감사합니다."

성실히 준비한 자기소개는 나를 잘 드러낼 수 있을 뿐만 아니라, 그 자리에 온 다른 사람을 존중한다는 의미도 전달할 수 있다. 대단한 '한 방' 없이도 성의 있게 자신을 소개하는 사람에게는 신뢰가 간다. 인사를 대충하는 사람은 어쩐지 미덥지 않다. 자신에게 취해 자기 자랑만 늘어놓는 사람도 비호감이 되기 쉽다. 당당하고 바른 자세, 미간이 활짝 펴진 환한 얼굴, 따뜻한 눈빛으로 시선을 맞추는 것은 기본이다. 이제 퍼스널 브랜딩을 위한 작은 무대를 즐겨보자.

03

남들은 알고 나만 모르는
말 습관이 있다?

말투의 심리학

나만 모르는 내 말 습관

"회사에서 동료와 업무에 관한 의견을 나누는데, 제 말을 정말 이해하지 못하더라고요. 쏘아붙이듯 말한 것 같아 마음에 걸려요."

나도 모르게 튀어나오는 말 습관 때문에 당혹스러울 때가 있다. 심리학자 앨버트 반두라Albert Bandura는 인간은 모방을 통해 학습한다고 말한 바 있다. 말 습관도 마찬가지다. 부모뿐만 아니라 상사, 선배, 친구의 말투를 닮기도 한다. 자주 들었던 말이 자기도 모르게 뼛속까지 스며들고 유전처럼 대물림된다. 스스로 만족스럽지 못한 부정적인 말투가 있다면 '출처'부터 짚어볼 필요가 있다. 부정적인 말투의 관성을 바꾸기 위해 전문가들이 제안하는 몇 가지 방법을 알아보자.

	해결 방법	질문 및 답변(예시)
1	말 습관 정의하기	어떤 말 습관이 문제인가? → 화내고 짜증 내며 말하는 습관이 있다.
2	말 습관이 어디에서 비롯되었는지 생각해보기	누구에게 영향을 받았나? → 어린시절 부모님이 자주 다투셨고, 불안한 청소년 시절을 보내면서 생겼다.
3	부정적인 말 습관이 나타날 때 상황을 분석하고 습관이 왜 지속되는지 살펴보기	언제 그런 말 습관이 나오는가? → 마음이 조급할 때 나온다. 왜 지속되는가? → 화가 나고 힘든 상황을 상대방이 알 수 있도록 하기 위해 지속하게 된다.
4	다른 말로 바꿔보기	어떤 말로 대신하면 좋을까? → "미치겠다"라는 말 대신 "마음이 답답하네", "왜 그러는 거야" 대신 "~해보는 건 어때?"로 대답한다.
5	관찰하고 지속하기	바꾸고 싶은 말 습관을 어떻게 유지할 것인가? → 말투 일기를 쓰며 내가 썼던 말투를 돌아본다. 회사 동료에게 내 말 습관에 대해 물어본다. 가족에게 피드백을 듣는다.

위 방법을 통해 말 습관에 숨어 있던 감정과 심리, 그리고 말 습관에 영향을 준 경험을 발견할 수도 있다. 다양한 감정, 심리를 인정하고 받아들이면 마음의 근력도 키울 수 있다. 습관적으로 내뱉던 말을 멈추면, 비로소 내가 원하는 말을 사용할 수 있다.

좌절하거나 낙담하는 순간이 올 수도 있다. 오랫동안 굳어진 말 습관을 바꾼다는 게 절대 쉬운 일은 아니다. 그럴 때는 잠시 멈추고 심호흡하며 여유를 가진 다음 다시 시도해보자. 더불어 내가 깨닫지 못하는 순간에 습관적인 말투가 나오지 않는지 지속해서 모니터링한다.

주변에서 피드백 받기

· 주로 어떤 표정으로 말하는가? 상대에게 어떤 느낌으로 전해지는가?

· 말투가 어떤 분위기를 지니고 있는가?

· 의견이 다를 때는 어떤 방식으로 표현하는가?

· 다른 사람들과 가까워지고 싶을 때는 어떻게 표현하는가?

· 원하는 것이 있을 때 어떤 방식으로 표현하는가?

· 예민하고 화가 날 때 어떤 방식으로 표현하는가?

평소 대화할 때 분위기, 말투, 표정, 제스처, 자주 사용하는 언어의 성격, 그 외에 느껴지는 것을 솔직하게 들어보자. 특히

가족이나 가까운 동료에게 내가 원하는 말투와 원치 않는 말
투를 지적해달라고 부탁하자. 여러 장치를 마련해두면 좀 더
수월하게 고쳐나갈 수 있다.

04

의사소통에도
지켜야 할 신호가 있다

소통을 위한
매개체 활용하기

일을 잘 돌아가게 하는 약속들

"띵띵띵띵"

"○○ 씨, 기장님이 랜딩 사인 주셨어요. 곧 착륙할 것 같은
데, 앞치마는 착륙한 후 갈아입고 자리에 앉아서 착륙 준비하
세요."

이제 갓 승무원이 된 ○○는 손님이 주문한 물건을 전달하
다 랜딩 사인을 놓쳤다. '띵띵띵띵' 차임 소리는 기장이 승무원

에게 보내는 착륙 신호다. 승무원은 각자 본인의 자리로 돌아가 벨트를 매고 착륙 준비를 한다. 비행기가 착륙할 때 벨트를 매고 있지 않으면 위험한 상황에 노출될 수 있다. 승무원은 이런 신호를 잘 인지하고 있어야 원활한 커뮤니케이션을 할 수 있다. 장거리 비행 시에는 '커뮤니케이션 보드'를 만들어 특이사항이 생길 때마다 기록하고 공유한다. 사소하게 보일지라도, 소홀히 할 경우 사고로 이루어질 수 있기 때문에 주의해야 한다.

일반적인 업무 환경에서도 합의된 사인이나 절차, 약속 등이 지켜지지 않으면 난감한 일이 발생할 수 있다.

비대면 환경이 '뉴노멀'이 되고, 재택근무가 지속되는 상황에서 플랫폼, 클라우드 같은 곳에 공유할 내용, 업무 진행 상항을 기록해두는 게 필요하다. 또한 상대에게 잘 전달했는지 확인하고, 전달받은 사람도 자신이 잘 파악한 것인지 확인해야 한다. 이것만으로도 소통의 질을 높일 수 있다. 질 높은 커뮤니케이션을 위한 2가지 방법을 살펴보자.

첫 번째, 구두로 논의한 내용은 다시 한번 정리해 메일이나 메신저로 전달한다. 대화로 나눈 내용은 시간이 지나면 왜곡될 수 있기 때문에 기록으로 남겨두는 게 좋다. 추후에 발생할 분쟁의 여지도 없앨 수 있다.

두 번째, 미팅을 주관하는 사람은 회의에 참석해야 하는 사람들에게 미리 안건을 전달하고 무엇을 논의해야 하는지 알린다. 사전 준비 없이 진행되는 미팅에 갑자기 불려 나오면 업무의 흐름이 끊길 뿐만 아니라, 제대로 된 결정을 하지 못한 채 관련 내용을 공유만 하고 끝내야 하는 경우도 많다.

0 5

이메일을 쓸 때도
효율적으로

비대면 시대 의사소통

감정을 느끼기 어려운 매체

팬데믹 이전에도 이메일, 각종 메신저, 플랫폼을 통해 소통
하긴 했지만, 지금은 그 의존도가 훨씬 커졌다. 장소에 구애받
지 않고 자유롭게 의견을 주고받을 수 있다는 장점이 있지만,
대면해서 나누는 대화의 깊이를 따라잡기에는 여전히 역부족
이다. 표정, 자세, 눈빛, 태도 등 비언어적 메시지를 전혀 읽어
낼 수 없기 때문이다.

같은 내용도 기분과 감정에 따라 부정적으로 해석될 여지

가 있다. 따라서 이메일을 읽었을 때 드는 감정을 전적으로 믿는 것은 위험하다. 상대가 이메일을 확인하고 연락이 바로 없다고 해서 불쾌할 필요도 없다. 『일 잘하는 사람은 단순하게 말합니다』의 저자 박소연은 '비대면 의사소통은 활자 그 자체만으로 명확하게 소통해야 한다'라고 조언한다. 메신저를 사용할 때는 막연한 생각이나 느낌 대신 정보를 중심으로 단순하게 보내야 한다. 또한 업무용 메신저를 보낼 때, 상대의 답을 기다리면서 짧게 여러 번에 걸쳐서 보내지 말고, 받는 이가 한참 뒤에 읽어도 이해하고 답변할 수 있도록 하나의 메시지에 핵심과 결론을 넣어 완결형으로 작성해야 한다.

하버드 로스쿨 출신의 협상 전문가 스튜어트 다이아몬드 Stuart Diamond는 업무적인 내용이라도, 감정을 꼭 전달해야만 하는 이메일에서는 전반적인 어조를 알리는 것이 효과적이라고 말한다. "안타까움과 당황스러움으로 이 메모를 드립니다"와 같이 구체적인 감정을 드러내는 표현을 적극적으로 사용하는 게 좋다. 이메일을 전송하기 전에는 '미리 보기'를 이용해 상대방의 입장에서 다시 한번 검토하자. 비대면 시대의 관계는 단어를 잘 고르는 것에서부터 시작된다.

06

위드 코로나 시대의
컨택트

문서 작성이 중요하다

급변하는 업무 환경

과거 비즈니스 관련 자기계발서에서는 '텍스트보다는 직접
적으로 소통하라. 문자는 전달 과정에서 왜곡될 여지가 있다'
같은 조언이 자주 등장하곤 했다. 하지만 코로나19를 지나며,
더는 유효하지 않은 지침이 돼버렸다. 잡코리아가 공개한 설
문조사에 따르면 언택트 시대 이후 절반에 가까운 응답자가
전화 통화를 기피하는 '콜 포비아'를 겪고 있으며, 비대면 의사
소통을 선호한다고 한다. 위드 코로나 시대로 접어들면서 대

면과 비대면을 접목한 방식으로 업무 환경도 변화하고 있다. 비대면의 편리함에 익숙해진 상황에서 예전의 방식으로 완전히 돌아가긴 어려울 것이다.

문자 하나도 식상하지 않게

다양한 메신저를 통해 소통하는 환경에서는 메신저가 이메일의 기능을 일부 대신하기도 한다. 업무 메시지에서는 업무 내용과 전달 사항을 파악하기 쉽도록 간결하게 정리해서 표현하자. 전달할 내용에 번호를 붙여 순서를 매기고, 핵심만 간결하게 쓴다. 회신이 필요한 내용이라면 언제까지 회신을 받을 것인지 기한을 알려주면 더 좋다.

최근에는 SNS 채널을 통한 자기계발 모임도 활발하다. 독서, 새벽기상 모임 같은 단체 채팅방에서는 전달하고자 하는 내용에 오류가 없는지 다시 한번 확인하고, 텍스트를 잘 다듬어 보내자. 감사함을 표현할 때는 상투적으로 "감사합니다"라고 말하기보다는 구체적인 이유를 언급하면 더 좋다. "오늘도 동기 부여되는 글 감사드립니다", "○○ 님이 보내주신 내용에 힘을 얻어 오늘도 열심히 공부하겠습니다"처럼 구체적인 표현을 활용해보자. 의견을 조율할 때는 빠르게 결론 내릴 수 있도록 적극적으로 참여한다. 메시지를 확인하고 나서도 긴 시간 답이 없다면 오해할 수 있으니 적절한 시점에 답한다.

07

비대면일수록
라포가 중요하다

새로운 매체에 적응하기

비대면 시대의 회의, 수업 방법

"온라인 수업은 이전보다 자료도 영상도 더 열심히 만들고 준비하는데, 대면 강의보다 힘드네요."

"예전만큼 출장도 안 가고, 재택근무하면서도 미팅할 수 있으니 편리해요. 그런데 집중력이 좀 떨어지는 것 같아요."

"아이 두고 출근해서 복직 교육받을 걸 준비하고 있었는데, 집에서 교육받으니 무척 편해요. 그런데 실제 대면 수업에서 하던 실습이 아쉽긴 해요."

재택근무와 온라인 수업이 늘면서 비대면 방식이 생활 전반에 물밀듯 들어왔다. 대면을 고수하던 학원, 강의, 수업도 화상 수업에 적응하고 변화를 받아들이고 있다. 화상 대화는 얼굴을 볼 수 있기에 이메일이나 메시지, 전화를 통한 소통보다 나은 점이 있지만 여전히 한계점도 있다. 대면 수업에서는 사람들 간에 에너지를 나누며 이해 정도를 가늠하고 분위기에 맞춰 수업을 진행했다. 실제로 마주하며 전달되는 에너지와 분위기로 교감하고 라포도 쌓을 수 있었다. 하지만 화상에서는 그런 교감을 나누기는 어렵다. 하버드 로스쿨 하이디 K. 가드너 교수Heidi K. Gardner는 재택근무에서 필요한 부분이 바로 대인관계임을 강조했다. 업무적으로 재택근무가 오래 지속되면, 매일 얼굴을 보며 일했던 예전과는 달리 동료애를 쌓을 시간이 줄어든다. 동료 간의 친밀감도 떨어질 수밖에 없다.

효과적인 비대면 소통법

첫 번째, 개인적인 이야기를 나누고 라포를 쌓을 수 있는 잡담 시간을 정한다. 회의 시작 전, 5~10분 정도 쉬는 시간과 별개로 티타임을 두고 간단하게 근황을 나눈다

두 번째, 회의를 주관하는 사람은 발언 기회가 참여자 모두에게 골고루 돌아가 소외되는 사람이 없도록 신경 쓰고, 참여자가 집중도와 텐션을 끝까지 잃지 않게 신경 쓴다.

세 번째, 가능하다면 공동 호스트를 둔다. 인터넷으로 진행되는 화상 회의에는 예상치 못한 변수가 생길 수 있다. 접속 불량으로 참여자가 튕기거나 소리가 안 들리는 등 전반적인 인터넷 환경을 관리할 수 있는 조력자에게 도움을 받자.

화상 회의, 화상 수업 가이드라인 안내

1. 접속 방법(주소와 애플리케이션 설치 방법)

2. 참여 시 주의 사항(시간 활용)

3. 비디오와 오디오 사용법

생각은 말이 되고

말은 행동이 되고

행동은 습관이 되고

습관은 인격이 되고

인격은 한 사람의 인생이 된다.

- 마하마트 간디

일의 디테일을 완성하는 말투와 목소리

당신은 일을 못하는 게 아니라
말을 못하는 겁니다

초판 1쇄 발행 2022년 4월 28일
초판 5쇄 발행 2023년 7월 31일

지은이 이규희

대표 장선희 **총괄** 이영철
책임편집 현미나 **기획편집** 한이슬, 정시아
책임디자인 김효숙 **디자인** 최아영
마케팅 최의범, 임지윤, 김현진, 이동희
경영관리 전선애

펴낸곳 서사원 **출판등록** 제2021-000194호
주소 서울시 마포구 성암로 330 DMC첨단산업센터 713호
전화 02-898-8778 **팩스** 02-6008-1673
이메일 cr@seosawon.com
네이버 포스트 post.naver.com/seosawon
페이스북 www.facebook.com/seosawon
인스타그램 www.instagram.com/seosawon

ⓒ이규희, 2022

ISBN 979-11-6822-060-7   03180

서사원은 독자 여러분의 책에 관한 아이디어와 원고 투고를 설레는 마음으로 기다리고 있습니다.
책으로 엮기를 원하는 아이디어가 있는 분은 이메일 cr@seosawon.com으로 간단한 개요와 취지,
연락처 등을 보내주세요. 고민을 멈추고 실행해보세요. 꿈이 이루어집니다.